台灣紀

台灣的佛教與佛寺

◎邢福泉 著

臺灣商務印書館

台北龍山寺

陽明山永明寺

內湖金龍寺

中和圓通寺

中和碧山巖

中和碧山巖

獅頭山水濂洞佛寺

獅頭山勸化堂

獅頭山元光寺獅巖洞

獅頭山饒益禪院

台南開元寺

鹿耳門天后宮

高雄佛光山大雄寶殿

高雄佛光山接引大佛

目錄

回顧六〇年代以前台灣佛教的發展——
《台灣的佛教與佛寺》序……〇〇一
自序……〇〇七
第一章　台灣之歷史背景……〇〇一
第二章　台灣佛教發展概況……〇〇四
第三章　台灣佛寺之一般背景……〇一三
第一節　台灣佛寺之歷史背景……〇一三
第二節　台灣佛寺之社會及政治地位……〇一九
第三節　台灣佛教禮儀……〇五二
第四章　台灣之佛寺……一〇三

回顧六〇年代以前台灣佛教的發展
——《台灣的佛教與佛寺》序

佛教在台灣已經成為民間最重要的宗教信仰之一。隨著經濟的發展，宗教也越來越受重視，宗教的活動力也越來越強，佛教與基督教、天主教、回教等其他宗教，都是當今台灣民間精神領域的安定力量。

要研究台灣佛教的發展史，邢福泉的《台灣的佛教與佛寺》，是重要的參考資料之一。他從明朝末年的台灣佛教，談到民國六〇年代的台灣佛教與佛寺。從今天來回顧六〇年代以前的台灣佛教史，令人充滿了驚奇與喜悅。

根據邢福泉的研究，台灣的八大佛寺：台北龍山寺、中和慈雲寺（石壁湖山頂）、中和圓通寺、陽明山永明寺、獅頭山（海會庵、靈霞洞、金剛寺、勸化堂）、日月潭玄奘寺、台南開元寺、高雄佛光山（大樹鄉），在建築風格、歷史等方面，都具有代表性。（六〇年代花蓮的靜思精舍已經成立，作者沒有列入研究範圍，可能另有考量）

今天我們重讀邢福泉的《台灣的佛教與佛寺》，有許多發現。例如，台南開元寺曾經是鄭成功兒子鄭經的別墅，一六九〇年清朝台灣總兵王化行倡議改建為佛寺，改名為「海會寺」（新店灣潭有海會寺），一八五九年才改名為「開元寺」。原來我年輕時經常去玩的開元寺，竟有這樣一段傳奇的歷史。

台北龍山寺，也有一段傳奇。據邢福泉考證說，雍正年間，一位來自泉州的船員，因內急而將「香火袋」掛在龍山寺現址的竹子上，路人夜間經過，發現當地有火光閃閃，往前一看，香火袋上印有「龍山寺觀音佛祖」七字，信徒即開始膜拜香火袋，甚為靈驗，到一七三八年遂正式在原址上興建「龍山寺」。

中和石壁湖山上的慈雲寺，原建於咸豐年間一八五〇年代，後來不知何故被廢棄了，遷往板橋，改名為「接雲寺」。一九五四年六月十九日，中和慈雲寺原址發生森林火災，整個樹林都被燒毀，只有慈雲寺原址的樹草碧綠如新。因此，當時圓通寺的住持妙清，即倡議重建慈雲寺，破土之日，工人在地下發現清代古磚、及原寺觀音像的底座。

中和圓通寺建於一九二六年，第一任住持即是倡議重建慈雲寺的妙清。圓通寺的建築物配置，受到四合院的影響，主殿前的凹狀石柱，則模仿希臘羅馬的支柱。我在五〇年代時，曾與高中同學林益生、蔣世華等人一起遊覽圓通寺，現在才知道原來圓通寺有這麼一段歷史。

陽明山永明寺建於一九四二年，規模雖不大，卻在佛教教育上極富盛名。原來一九七一年曉雲法師曾在永明寺內設置蓮華學佛園，是當時台灣北部最有名的佛教教育中心，與中台灣的懺雲、南台灣的星雲齊名。如今，創辦華梵大學的曉雲法師，已於九十三年農曆九月圓寂。星雲法師創辦了佛光大學，懺雲法師則在水里蓮因寺。

獅頭山是著名的旅遊勝地，山中有許多寺廟佛堂，其中獅岩洞是唯一建於日據時代以前的寺廟。民國六〇年代獅頭山已有九座主要寺廟，如今寺廟更多了。

日月潭玄奘寺，是民國五十三年興建的，用來供奉一片玄奘的頭骨。玄奘的遺骨，是一九四二年日本人佔領南京時發現的，共有十七片，此後分為六份，分別藏在中國及日本。一九五五年日本同意將一片玄奘的頭骨歸還台灣的中華民國政府。當時，玄奘頭骨先安奉於玄光寺，等玄奘寺落成後再迎來奉安。歷經「九一一」大地震，玄奘寺仍然安好。

佛光山，是台灣南部的佛教勝地，香火鼎盛，是星雲法師在民國五十六年創辦的，多年來一直吸引許多訪客，前往參訪。目前南部的佛光山、與北部的慈濟功德會，成為台灣地區兩大佛教教育與文化事業的推動者。此外，台北的法鼓山在聖嚴法師的領導下，也成為重要的佛教道場。

邢福泉還提到，台灣最高的佛寺海天寺，位於海拔二二〇〇公尺的高山上。經查資料，原來是在南投縣信義鄉的丹大林道上，現在已經成為遊客路過的休息站，寺內供奉的是觀音佛祖、地藏王菩薩、媽祖等，是當年南投縣水里鄉民孫海倡建的，每年農曆十月十四日，附近鄉民都會前往舉行廟會，參拜佛祖。

根據內政部九十二年的統計資料，台灣地區登記有案的寺廟有一萬一千四百多座，百分之七十八是道教，佛教寺廟約佔百分之二十。平均每一縣市有五百九十座，其中以台南縣、高雄縣、屏東縣的寺廟最多。教會教堂有三千二百八十座，以台北市、花蓮縣、台東縣最多。

邢福泉是政大新聞系民國五十二年的畢業生，後來前往美國俄亥俄州立大學進修，獲得博士學位，《台灣的佛教與佛寺》就是他的博士論文，中文譯本是六十四年完成的，台灣商務印書館在七十年五月初版，至今絕版多年。

我於九十四年八月應聘前來台灣商務印書館擔任副總編輯，亟思重印許多絕版多年的好書，《台灣的佛教與佛寺》是其中的一本，重新編排後列入《萬象台灣》叢書，讓讀者能夠從這絕版好書中，再度回味六〇年代的台灣的萬種景象，也讓年輕的讀者了解當年的一些事跡，這是編印《萬象台灣》叢書的緣起。

《台灣的佛教與佛寺》蒐集的資料很豐富，圖片很多，參考的書刊雜誌也很多。最令我驚訝的是，民國六十六年三月三日，我在中央社記者任內撰寫的一篇報導〈元宵談花燈〉，也在引用之列，可見邢福泉先生蒐集運用資料之廣。書中的注解，對有興趣研究台灣佛教史的讀者們，是不可錯過的參考資料。

《台灣的佛教與佛寺》雖然是六〇年代的史料，三十年來變化頗多，為使讀者能將現況與六〇年代的情況有所比較，我們在序言前面加入幾張最近拍的照片。這是攝影愛好者林振池特地去拍攝的，讓我們一起回味三十年來台灣佛寺與佛教的發展歷程。

在這裡我要特別感謝林振池、高紅瑛夫婦，每一個星期假日，陪同我們前往台灣各地拍攝台灣佛寺的新形象，義務贊助台灣商務印書館，來充實這一本《台灣佛教與佛寺》的圖片攝影，使讀者們可以看到台灣佛寺的新氣象。我們也要感謝讀者們的支持，使我們做得更起勁，謝謝。

台灣商務印書館

副總編輯　方鵬程　謹序

自序

本書之完成，其過程甚為漫長及艱巨。一九六九年作者赴美深造，與美國各方及學術界多方接觸後，發現研究老莊及佛教之風頗盛，惟一般對大乘佛教具有興趣之學者多赴日本研究，而鮮有至台灣者；考其主因，不外日本外文出版業較我國鼎盛，及受日本學者鈴木大拙(Dr. D.T.Suzuki)英文本佛學書籍（如 ***Zen Buddhism*, N.Y., 1960.**及 ***Studies in the Laṅkāvatāra Sūtra*, London,1957.**）之影響。故一九七四年初決意以英文將台灣佛教之概況向國際學術界介紹，並於同年暑期由美返國作初步資料蒐集工作，為時三月。一九七五年夏，又再度返國蒐集資料，為時兩個半月。

自一九七五年冬至一九七九年夏，本書英文本方正式撰寫完成，其間並修改五次，前後歷時五年；精神、時間及財力之耗費為畢生中最大者，將來恐亦難再有，尤以第二次返國蒐集資料期間，內子不幸在美罹病，乏人照顧，致病情轉劇，至今仍引為終生憾事，因她為協助完成此書，犧牲了一切，也犧牲的太多。中譯本則係於一九七九年秋在美開始翻譯，翌年八月中在台北完成。

書中對台灣佛教之源起、發展、現況及未來前途作一綜合性之研究分析，但對台灣佛寺則作抽樣之研究，即屬於同一時代建造並屬於同一風格之佛寺僅擇其一作為代表，故八座代表性之佛寺中無一雷同或重複者，抽樣之方法請閱第五章結論部份及第五章註九。

本書之得以完成及出版係由於下列學者之指導及協助：

㈠美國俄亥俄州立大學教授罕廷頓博士夫婦(Drs. John & Susan Huntington)。

㈡美國俄亥俄州立大學教授陳穎博士及李田意博士。

㈢中華學術院佛教文化研究所所長暨中國文化大學藝術及哲學研究所教授曉雲法師。

㈣國立政治大學前教務長及法學院院長朱建民教授。

最後，作者特別感謝家兄邢福鉅博士、家嫂宋斐在撰寫本書期間之精神支持，以及內子羅盛容為本書英文本所作之英文打字、校對與中文繕寫之工作。如無上述師長及家人之協助與愛護，本書將無法完成問世。本書連中譯本雖共耗時六載，但疏漏之處恐在所難免，尚祈海內外學術界先進、專家、師友等不吝賜

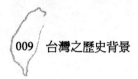

正，是為至感。

一九八〇年八月十八日邢福泉序於韜養廬

第一章 台灣之歷史背景

台灣一詞首先出現於明朝（一三六八—一六四四）之史籍內（註一）。中國人約於十四世紀即開始移徙台灣，但至十七世紀方從事大規模之移民（註二）。公元一六二四年左右，荷蘭人入侵台灣，並佔據台灣南部之一部份，當時之荷蘭人不但設置貿易站、城堡及教堂，而且亦歡迎中國之勞工（註三）。公元一六二六年，西班牙人登陸基隆（古雞籠），並佔領台灣北部之沿海地區，但於一六四二年即被荷蘭人逐出。

公元一六六一年，荷蘭人為鄭成功所驅逐（註四），鄭氏即以安平為其首府（註五），且積極鼓勵大陸人民移徙台灣（註六）。因鄭成功為福建人，故其士卒及移民亦多為福建人，其中以來自福建泉州及漳州者為最多（註七），僅有少數係原籍廣東惠州及潮州者（註八）。故值鄭氏時期，台灣之大部份人口均係自中國大陸移入者。

公元一六八三年，清廷取得台灣，並於一六八四年使其成為福建省一部份。公元一八八六年，台灣正式設省，於此期間，移來台灣之人民仍以來自福建及廣東者為大多數，移徙之數量亦較前增加。公元一八九五年，亦即第一次中日戰爭結束後，清廷割讓台灣予日本。第二次世界大戰後，台灣於一九四五年十月廿五日重回中華民國懷抱，並成為中國之一省，再度與中國大陸發生密切之關係（註九）。

註釋

註一：見《明史》「雞籠傳」及《明外史》「流求傳」。

註二：*The Far East and Australasia*, ed. Europa Publications Ltd.(London, 1974), P. 713.

註三：荷人所設之貿易站為熱蘭遮城(Zeelandia)等。最著名之城堡為赤崁(Sakam)。見林熊祥著《台灣史略》（台北，一九七三），第十四頁。

註四：甚多西方學者稱鄭成功為「國姓爺」(Koxinga)。見 Leonard H. D. Gordon,"Introduction: Taiwan and Its Place in Chinese History,"*Taiwan, Studies in Chinese Local History*, ed. Leonard H. D. Gordon(N. Y., 1970), P. 1.

註五：安平即荷人所建之熱蘭遮城，現屬台南市。

註　六：鄭成功稱：「此膏腴之地，當寓兵於農。」見註三，林熊祥著，第二三頁。

註　七：同註六。

註　八：同註六。

註　九：台灣共有十六縣及兩個院轄市；此十六縣為：台北、宜蘭、桃園、新竹、苗栗、台中、彰化、南投、雲林、嘉義、台南、高雄、屏東、台東、花蓮及澎湖；兩個院轄市則為台北市及高雄市。據一九七三年十二月之統計，台灣之人口為一千五百五十六萬四千八百卅人。台北縣及台北市之人口均較其他市縣為多，前者為一百四十四萬四千六百六十三人，後者為一百九十五萬八千三百九十六人。至一九七五年為止，大專學生總數為六萬一千人。見 *China Yearbook* (Taipei, 1974), PP. 141-142.及漢客之「大專評鑑」《中央日報》航空版（一九七五年一月十八日），第四版。

第二章　台灣佛教發展概況

台灣之佛教發展大約可分為五個時期；即荷蘭時期、鄭氏時期、滿清時期、日本時期及中華民國時期。

荷蘭時期

因缺乏有關荷蘭時期佛教活動或寺廟之記載，故研究此一時期佛教概況之資料甚為難覓。但此一現象並非表示此一時期無佛教或佛教寺廟存在。據《台灣縣志》（註一）記載：「……在廣儲東里（註二）：大道公廟，紅毛時建。」（註三）此為中國資料所提及在荷蘭時期之唯一寺廟，並被公認為台灣最早之寺廟（註四）。此一寺廟之存在，可能顯示在荷蘭時期亦有其他寺廟存在，包括佛教寺廟在內，但此等寺廟可能已被荷蘭人所摧毀（註五）。

公元一六四四年左右（註六），大約有二萬五千戶中國人自大陸移徙台灣，大部份為忠於明室者（註七），此等遷往台灣之移民中必有誓不降清之忠貞知識份子，在中國佛教強烈影響之下，甚多移民極可能為佛教徒。根據早期移民者之慣例，當彼等遠離鄉土時，多數均將原供養在家或寺廟中之小型神像攜去台灣（註八）。吾人雖無法確知此種神像之名稱，但其中必有屬於佛教者。據研究後期移民之宗教信仰發現，甚多來自福建與廣東之移民係佛教徒（註九）。故於荷蘭時期可能已有佛教寺廟存在，且甚多移民係崇信佛教者。

鄭氏時期

研究此一時期之佛教發展全部係根據滿清之資料（註一〇）。由於荷蘭時期及鄭氏時期之政治、經濟中心係在台灣南部（註一一），故早期之三座佛教寺院均建立於南部。此三座佛寺為竹溪寺、彌陀寺與龍湖岩（註一二）。其座落之地區顯示台灣早期佛教及佛寺之發展係受政治及經濟發展之影響。

據紀錄所載，台灣最早興建之佛寺為竹溪寺，其次為彌陀寺，再次為龍湖岩（註一三）。竹溪寺與彌陀寺均在今之台南市，龍湖岩則位於台南縣之六甲（註一四）。故台灣佛教及佛寺極可能隨著信仰人數之增加而由城市向郊區發展。

滿清時期

據公元一七二〇年完成之《台灣縣志》顯示，一七二〇年時，台灣僅有六座佛寺：黃檗寺、法華寺、廣慈庵（註一五）、彌陀寺、龍湖岩與竹溪寺。所有上述之寺院均位於今之台南市與台南縣。但在一七二〇年後，甚多佛寺相繼興建，且建立之地區不再限於台灣南部，如台北市之龍山寺與劍潭寺等（註一六）。在此期間，佛教當較前流行，且佛教徒人數亦必大為增加。

佛教之向台北地區流傳，或許仍受台灣政治與經濟情形之影響，因在乾隆（一七三六——一七九五）以後，台北已逐漸取代台南之地位，並於一八八七年成為省會。同時，台北移民數目之增加，亦促進台北之繁榮（註一七）。由研究顯示，由於乾隆時期台灣社會之安定，多種寺廟之數目已較前增加（註一八）。一般言之，滿清政府對佛教原則上係採取保護政策（註一九），故此一時期實為台灣佛教之繁昌時期。

日本時期

自一八九五年至一九四五年，可稱為日本影響時期（註二〇），其最重要者為新淨土宗（或淨土新宗）或真宗之傳入。此一宗派之教義、習慣與傳統之中國佛教迥不相同；信徒可結婚、食肉並過一般俗人之生活（註二一）。此種信徒於廿世紀之前半時期仍可在台灣見之（註二二）。

根據中國大陸之佛教習慣，和尚與尼姑不能居住於同一寺院（註二三）。今日台灣少數寺院允許和尚與尼姑分住於同一寺院內，當為受日本影響之一例（註二四）。在此期間，所謂「齋教」逐漸流行（註二五）。據云齋教係臨濟宗之一支，係於明末自大陸流傳至台灣者（註二六），此一支派之信徒仍然敬拜釋迦牟尼、阿彌陀佛與觀音等，但卻不剃髮修行，且嚴格要求素食及禁止賭博、飲酒等。

根據統計，台北市至少有廿五座佛寺建立於日本時期，多數係屬於齋教（註二七）。此項統計說明日本時期齋教及佛教之流行。

中華民國時期

自一九四五年十月至目前，可稱為台灣佛教之全盛時期（註二八）；佛教徒及佛寺之數目日漸增加，許多新佛寺逐漸建立，破舊之佛寺亦被整修或重建（註二九），但更重要的是：許多自中國大陸來的高僧，革新了台灣原有的佛教禮儀和傳法內容，並且還鼓勵佛教徒積極參加社會福利事業活動。甚多原受奉祀地方神靈及日本影響之佛寺，轉變為純粹與中國傳統之佛寺，最顯著之例子為日本新淨土宗信徒之滅跡與大陸高僧對台灣佛寺之各種新影響（註三〇）。

此一時期另一重大之改變為各宗派之僧侶結合一起從事佛學研究與佛教之闡揚，故各宗派之間並無嚴格之門戶之見（註三一）。上述各種現象，使台灣成為廿世紀中國佛教復興之基地。故此一時期可視之為中國大陸傳統佛教之復興時期與台灣佛教之革新時期。據中華民國政府一九七四年之統計，台灣約有兩千五百二十座佛寺，七千四百五十個僧侶，五百七十五萬九千個佛教徒（註三二）。

註釋

註　一：《台灣縣志》卷九。《台灣縣志》係王禮編纂，陳文達、林中桂、李欽文共修，完成於一七二〇年。

註　二：「里」為中國地方戶籍及行政單位。

註　三：據《台灣縣志》記載：大道公係「吳真人，吳姓名本，生於太平興國四年（公元九七九年），不茹葷受室，業醫以活人為心，按病投藥，遠近皆以為神。景祐二年（一〇三五年）卒。里人肖像事之，祈禱輒應。適部使者以廟額為請，勅為慈濟。慶元間勅為忠顯。開禧二年（一二〇五年）封為吳惠侯。自是遍于漳泉之間。台人多建廟祀之。或稱大道公廟，或稱真君廟，或稱開山宮，名雖異而實則同也。」

註　四：此一大道公廟現稱保生大帝廟，位於台南縣之新化鎮，但已重建多次。見盧嘉興作〈台灣最早興建的寺廟〉《古今談》第四期（一九六五），第三六頁。

註　五：荷人曾壓迫中國移民並傳揚基督教。見林熊祥著（第一章，註三），第一六、一七頁。同時荷人亦採取迫害手段摧殘台人之宗教信仰。見盧嘉興作（本章，註四），第三五頁。荷人時期大道公廟之所以存在可能由於下列因素之影響：㈠當時之大道公廟可能為少於九尺之小廟，與現行路旁之「土地公」廟相似，故荷人未加注意或認為無關緊要。㈡因大道公廟不屬於任何宗教，僅為地方人民所崇祀者，其影響性不如佛教或道教之強烈，故荷人允許其存在而未加摧毀。

註　六：一六四四年滿清定國號為大清。

註　七：見林熊祥著（第一章，註三），第一五頁。

註　八：見盧嘉興作（本章，註四），第三五頁。

註　九：見黃啟明作「艋舺與龍山寺」《台北文物》第二卷一期（一九五三），第四七頁。

註一〇：鄭克塽降清後，清廷即摧毀在台所有之資料紀錄，故有關鄭氏時期之資料均靠清廷之紀錄，如《台灣府志》、《台灣縣志》等。見盧嘉興作「台灣的第一座寺院竹溪寺」《古今談》第九期（一九六五），第三二頁。

註一一：當時之政經中心係集中於現今之台南市附近。

註一二：福建人稱寺廟為「岩」。

註一三：見盧嘉興作（本章，註一〇），第三四頁。據盧氏研究，竹溪寺係建於一六六一年。

註一四：龍湖岩位於台南縣之六甲。現今之竹溪寺、彌陀寺與龍湖岩均經數次重建，故無原跡可尋。

註一五：庵為中國尼寺通用之名稱。

註一六：見李添春作「台北地區之開拓與寺廟。」《台灣文獻》第一期（一九六二），第六九、七〇頁。

註一七：據大學士鄂爾泰上雍正之奏章曰：「台地開墾承田傭工貿易，均係閩粵民人，不啻數十萬。」其中自有不少移居於台北地區開墾或貿易者。有關清代台北地區人口之增加，見李添春作（本章，註一六），第六九、七〇頁。

註一八：見李添春作（本章，註一六），第七〇頁。

註一九：見 Holmes Welch, *The Buddhist Revival in China* (Harvard University, 1968), PP. 11, 23, 134.事實上，雍正雖為Welch所言「係對禪宗有興趣，且於宮內設置禪堂。」但雍正本人卻並非佛教徒，雖然他對佛學有甚深的研究。他建議儒家、道教與佛教應同時並行。當雍正解釋禪宗教義時，常讚賞道教中人。見野上俊靜著、釋聖嚴譯《中國佛教史概說》（台北，一九七三），第一七四頁。其實清廷保護佛教之主因係基於政治及教育原因。Wright 亦言：「佛教被中國政府利用為外交政策之工具。」見Arthur F. Wright, *Buddhism in Chinese History*(Stanford University, 1971), P. 119.

註二〇：日本佛教不但影響台灣且亦影響中國大陸。京都之東本願寺於一八七六年即在中國大陸傳教。一九〇四年末，浙江省約有卅五座佛寺係受東本願寺支助。見威爾治(Holmes Welch)著（本章，註一九），第八、一二頁。

註二一：見 John Whitney Hall, *Japan, from prehistory to modern times* (N.Y., 1971), PP. 97-98.

註二二：當本文作者於一九五一年在台灣時，尚在佛寺中見到真淨土宗僧侶，但當時已為人所輕視。

註二三：據中國佛教之規定，和尚或尼姑均不得單獨前往前方之寺院。見釋善因著《禮佛行儀》（高雄，一九七三），第五三頁。

註二四：高雄縣之佛光山與基隆市之靈泉寺為其例。

註二五：齋教之信徒互稱「齋友」。其重要之經典為《金剛經》、《阿彌陀經》。見劉枝萬作〈清代台灣之寺廟〉《台北文獻》第六期（一九六三），第六一頁。另見林衡道作〈台北市的寺廟〉《台北文獻》第二期（一九六二），第六〇頁。

註二六：見劉枝萬作（本章，註二五），第六一頁。臨濟宗係禪宗之一支。

註二七：見林衡道作（本章，註二五），第六〇頁。

註二八：Arthur F. Wright 稱：「國民黨曾採取壓迫手段對付佛寺與僧侶。」見註一九：，Wright，第一一七頁。此種說法至少不能適應於今日台灣國民政府對佛教及一般宗教之態度。當高雄佛光山初次落成時，內政部長徐慶鐘主持剪綵。其後當時之行政院長蔣經國、台灣省政府主席謝東閔亦於一九七三年六月十六日親訪佛光山。見佛光山宗務委員會編《佛光山》（高雄，一九七五）第一〇〇、一〇四頁。

註二九：自一九四五至一九六二年間，共有卅六座佛寺創建於台北市。見林衡道作（本章，註二五），第五五、五六頁。

註三〇：其中一例為座落新竹獅頭山之海會庵。據主持宣稱：海會庵以前並無四大天王像於山門，後經曉雲法師（中華學術院中國佛教文化研究所所長），乃於山門兩側設置四大天王像，此為中國大陸佛寺傳統之佈置。

註三一：如負有盛名之懺雲法師係屬於律宗者，但卻經常至曉雲法師（天台宗）之蓮華學佛園講經。蓮華學佛園編《蓮華學佛園記》（台北，一九七四），第五一〇頁。中和鄉之慈雲寺係屬曹洞宗，但其主持達進卻送其弟子入蓮華學佛園進修。唯一之例外係密宗，但修習密宗者甚少，作者於台南竹溪寺曾晤一修習密宗者（其居處與竹溪寺之僧侶係隔離者），據其所言，在台修密宗者不過數人而已。（編按）

註三二：*China Yearbook* (Taipei, 1974), P. 57.

編按：至二〇〇六年止，在台修密宗者，人數已增至數萬人。

第三章　台灣佛寺之一般背景

第一節　台灣佛寺之歷史背景

台灣佛教寺廟之建立與發展與大陸移民、知識份子、政府官吏、及大陸之佛教寺廟有極為密切之關係，如台灣早期之佛寺——竹溪寺、彌陀寺與龍湖岩，均與政府官吏及知識份子有不可分之關係。據盧嘉興氏之研究，台灣最早之佛寺係台南市之竹溪寺，此寺係因承天府尹鄭省英氏之命而興建者（註一）。據《台灣府志》之記載，龍湖岩係陳永華氏力促而成（註二）。《台灣紀略》曾提及自一六七四年至一六八〇年間，陳永華為當時政府中之第二號人物（註三）。雖然吾人無法確知何人為彌陀寺之建立者，但據《台灣縣志》記載，捐獻彌陀寺中殿者為董大彩，捐獻東殿者為陳仕俊，兩者均為知識份子（註四）。

在滿清時期，上述之情形仍然繼續存在，並且有增無減，如《台灣府志》曾提及台灣總鎮王化行與台廈道王效宗曾將一別墅改為海會寺（註五）。《台灣縣志》提及左營守備孟大志為黃檗寺之主要捐助人；鳳山縣知縣宋永清則為法華寺前殿之捐獻者（註六）。

除《台灣府志》與《台灣縣志》外，《台灣通史》亦提及類似之情形，如慈雲閣係諸羅縣知縣周鍾瑄於一六九六年下令所建，其後，繼任知縣周芬斗於一七五一年重修（註七）。另為《台灣通史》提及之一例為萬壽寺，此寺之甚多建築均為台灣高級官員所捐獻；如捐助首批兩幢建築物者即為台灣巡道陳璸（註八），其後，諸羅縣知縣周鍾瑄、台灣巡道梁文科、台灣總鎮林亮等，均為此寺捐獻財物或土地。另《淡水廳志》亦提及台灣總鎮洪志高為新竹地藏庵捐建者之一（註九）。故由上述各例可知，台灣早期之佛教寺廟與知識份子及政府官吏均有極為密切之關係，此一關係亦足以證明古代受儒家思想影響之人，並非一定如威爾治(Holmes Welch)所宣稱係佛教之對敵者（註一〇），因甚多清代之台灣官吏係進士出身，屬於儒家者為數必不在少（註一一）。

清代台灣之移民中包括一般平民與商人，此等人與台灣佛教寺廟之建立亦有極為密切之關係。在康熙期間（一六六二——一七二二），有一俗人名郭治亨者獻建石壁潭寺（又名寶藏寺）（註一二）。一七三八年福建泉州府移民在台北創建龍山寺（註一三），其他甚多地方亦有由平民及富商捐建之佛寺，如台南及嘉義即為其例（註一四）。其中最值得注意者為：在清代一般平民所興建之佛寺中，多數均供奉觀音。在台北地區，所有之早期佛寺，如龍山寺、凌雲寺、西雲寺、地藏庵與壽山寺均供奉觀音（註一五）。供奉觀音之流行應與台灣之地理環境及多數台灣移民之風俗習慣有所關連。據黃啟明與李根源兩氏之研究，自福建泉州來台之移民，多數將其原籍佛寺中供拜觀音時之香灰或小型觀音雕像隨同攜來（註一六）。此種風俗與信仰觀音之流行，使觀音至今仍為台灣佛教中最受信徒敬拜者之一（註一七）。

台灣佛寺與大陸佛寺之密切關係，可分下列三項敘述之：㈠許多台灣佛寺之名稱係倣效大陸佛寺者。如著名之台北龍山寺係倣效泉州安海之龍山寺（註一八）；台南之開元寺係倣效唐朝長安之開元寺與泉州之開元寺（註一九）。其他倣效大陸佛寺名稱之台灣佛寺有永明寺、開善寺與靈隱寺等（註二〇）。㈡甚多早期佛寺之方丈係來自大陸，尤其是福建省。如竹溪寺第一任方丈捷圓係來自福建鼓山之湧泉寺（威爾治將鼓山與湧泉寺不分，誤混為一談）（註二一），其第二任方丈眼淨於拜捷圓為師前，曾至廈門學習佛法（註二二）。據《台灣縣志》與《台灣通史》記載，台南之彌陀寺因年久失修而廢棄，但於一七一九年由福建武夷山來台之僧人一峰重建。龍山寺之第一任方丈係泉州人，第二任方丈於未主持龍山寺前，曾至鼓山湧泉寺學習佛法（註二三）。㈢在古代中國，佛教徒捨宅為寺之風氣屢見不鮮，甚多例子見於《南史》與《洛陽伽藍記》（註二四）。在台灣亦有相似情形，台北之寶藏寺及台南創建時之法華寺均為其例（註二五）。

註釋

註　一：見盧嘉興作（第二章，註一〇），第三四頁。承天府轄今之台南市。當鄭成功治台時，設一府（承天府）二縣（天興縣與萬年縣）。

註　二：見《台灣府志》卷九。府志於一九六九六年刊行，主編者為高拱乾。

註　三：《台灣紀略》為康熙時之林謙光所著。

註　四：據研究，僅知建立彌陀寺者係姓洪。見廢盧主人作「台南古剎——彌陀寺」《古今談》第二九期（一九六七），第卅頁。

註　五：見《台灣府志》卷九。此寺現稱開元寺。

註　六：見《台灣縣志》卷九。法華寺係在今之台南市。

註　七：見連橫著《台灣通史》卷二二。

註　八：巡道為當時台灣之最高首長。

註　九：在中國大陸所稱之地藏菩薩係自梵文Kṣitigarbha而來。但在台灣，一般人認為地藏菩薩係閻羅王之化身，或稱之為幽冥教主。見劉枝萬作（第二章，註二五），第六三頁。萊特(Arthur F. Wright)曾稱：「閻羅王……原係一死於五九二年之隋朝官員所轉化。」見Arthur F. Wright著（第二章，註二九），第九九頁。但據《法苑珠林》記載，閻羅王為古印度法沙利王(Vaiśali)所轉化。蘇爾慈(William E. Soothill)與郝德士(Lewis Hodous)均有相同之說法。見《中英佛學大辭典》第四五二頁。經作者查核《隋書》後，發現萊特氏所提之隋朝官員名為韓擒虎。在其本傳中言及，其本人曾被一隋朝人稱為閻羅。詳情見《隋書》「韓擒虎傳」。但此一記述並未言明韓擒虎為閻羅。

註一〇：威爾治(Holmes Welch)稱：「……清廷各種不同保護佛教之方法現已消失。佛教之所有早期敵人——儒家信徒、基督教徒、現代化論者……。」見Holmes Welch著（第二章，註一九），第二三三頁。

註一一：按照中國傳統之習慣，科舉考試內容多涉及中國之儒家思想。蔣允焄與徐德峻均為進士出身。見廢廬主人作「蔣允焄拓建法華寺」《古今談》第二六期（一九六七），第一九頁。鄭氏時期之陳永華為創立龍湖岩之主要支持者，亦建議鄭成功之子鄭經設立孔廟與儒學。見林熊祥著（第一章，註三），第五〇頁。在今日台灣，仍有甚多人受佛教、道教及儒家思想之影響。

註一二：見註七：，連橫者。另見李添春作（第二章，註一六），第六七頁。此寺原座落台北。

註一三：見註七：，連橫者。及《淡水廳志》。創立此寺之捐獻者多為富商。

註一四：在台北地區有凌雲寺（一七三八年建），西雲岩寺（一七五一年建），地藏庵（一七五七年建），壽山寺（一七六六年建）等。見李添春作（第二章，註一六），第七〇頁。在台南地區有觀音閣（一七八九年建）與萬福庵（一八〇六年建）。在嘉義地區有新蓮庵（一八五六年建）與水月庵（一八九一年建）。見劉枝萬作（第二章，註二五），第四八—六三頁。

註一五：見李添春作（第二章，註一六），第七〇頁。

註一六：見黃啟明作（第二章，註九），第四七頁。李根源作「艋舺寺廟記」《台北文物》第二期（一九五三），第四一頁。

註一七：自粵東來台之移民亦流行供奉觀音。見林衡道作「獅頭山附近各鄉民間信仰調查」《台灣文獻》第一三卷第三期（一九六二），第一〇七頁。劉枝萬稱釋迦牟尼與觀音為台灣佛教徒供奉最多之佛像。見劉枝萬作（第二章，註二五），第四八頁。

註一八：見黃啟明作（第二章，註九），第四七頁。

註一九：見盧嘉興作「北園別館與開元寺」《古今談》第二七期（一九六七），第二三、二五頁。公元七三八年，唐玄宗令各州分建公立佛寺一所。此種公立佛寺均名為開元寺，因係建於開元年間之故。見野上俊靜著、釋聖嚴譯（第二章，註一九），第六四、六五頁。清朝期間，台南之開元寺不但為全台第一大寺，同時亦受政府官吏大力支持，與唐朝國立之開元寺情形相似。故將之從海靖寺改稱為開元寺。另一原因可能受當時泉州大寺開元寺之影響而改稱。

註二〇：永明寺之名可見於《北史》中之「魏紀」。梁朝時，開元寺係座落於南京。見《續高僧傳》第五卷。新竹之靈隱寺則倣杭州之靈隱寺。

註二一：威爾治(Holmes Welch)稱：「圓瑛……於一八九七年於福建最大之佛寺鼓山。」「鼓山為福建最大之佛寺……鼓山之建築物被重建。」「湧泉寺（鼓山）。」見威爾治著（第二章，註一九），第四〇、九〇、九二頁。事實上，鼓山為湧泉寺座落之地。吾人可用鼓山代表湧泉寺座落之方向及地區，但不能用鼓山取代湧泉寺之名稱，就如不能用嵩山取代少林寺之名稱。蘇州之靈岩山寺可稱之為靈岩山，因是靈岩山寺之簡稱。部份中國人提及某一佛寺之地點時，往往以某佛寺座落之山而名之。

註二二：見盧嘉興作（第二章，註一〇），第三六頁。盧氏稱捷圓曾至湧泉寺學佛，眼淨則就讀於閩南佛學院。

註二三：見《艋舺龍山寺全誌》（台北，出版日期不詳），第二七頁。有關彌陀寺之資料見《台灣縣志》第九卷與《台灣通史》第九卷。

註二四：《南史》「虞愿傳」曾提及：「帝（宋明帝）以故宅起湘宮寺。」《洛陽伽藍記》（卷二、三）亦言甚多官吏及信徒將其住宅獻為佛寺。

註二五：見連橫著（註七）；及廢廬主人作（註一一），第二三頁。

第二節　台灣佛寺之社會及政治地位

據中國史籍所載，中國佛寺在社會及政治上均有極重要之地位。《洛陽伽藍記》提及，永寧寺即係魏孝明帝之母胡太后下令興建，其寺僅距皇宮一里。公元五三四年，永寧寺塔發生火災，魏孝明帝令御林軍千人往救，當寺塔焚毀時，孝明帝淚流滿面（註一）。《高僧傳》亦言，當慧遠駐錫廬山東林寺時，時彥名士來從者共一百廿三人（註二）。公元五二九年，北魏北海王欲謀皇位，即以永寧寺為聚兵之所（註三）。

及至隋朝，隋文帝下令建造一百一十座佛塔於各州。當各塔舉行安置佛舍利子儀式時，不但政府官吏均須參加，且各衙門亦公休七日（註四）。唐朝玄宗時期（公元七一三年至七五五年），各州有公立佛寺兩所：龍興寺與開元寺。當朝廷追悼玄宗前各皇帝及慶賀玄宗之誕辰儀式時，亦在上述各州之兩所公立佛寺同時舉行（註五）。另清代之曾國藩亦曾於南京建立毗盧寺，其主要目的在悼念與太平天國作戰時死難之亡魂（註六），顯然地，毗盧寺之建立是政治性重於宗教性（註七）。

甚多古代之中國佛寺亦與娛樂有關。《洛陽伽藍記》中記載：「景樂寺……常設女樂，歌聲繞梁，舞袖徐轉，絲管寥亮……後汝南王悦復修之…召諸音樂逞伎（註八），寺內奇禽怪獸舞抃殿庭，飛空幻惑世所未睹…觀者目亂睛迷，自建義以來，京師頻有大兵，此戲遂隱也。」（註九）。

台灣佛寺在社會及政治上均佔重要之地位，其重要性及影響可由下列各項分述之：

一、與社會名流、政府官員及知識份子之關係

當國民政府在大陸時期，甚多佛寺係受政府官員之保護與支持，尤其是國民政府中信仰佛教之高級官員（註一〇）。至今，政府官員及社會名流仍然是台灣佛寺之有力支持者，雖然上述人士並非全是信仰佛教者。此種情形與國民政府時期前之情況相似。即某一宗教如為政府官吏及社會名流所支持，此一宗教即極易發展與興起，因宗教之發展與當時之政治、社會領導人物或要人均有極為密切之關係，如佛教在南北朝、隋朝及唐朝之發展即為一例。在目前之台灣，甚多政治與社會上之領導人物均係佛教徒或支持佛教者，且將來之數目或許會日漸增加，最佳之例為台中之玄奘寺與高雄之佛光山。

玄奘寺係座落於日月潭畔，寺中有故總統蔣中正及前總統嚴家淦書寫之匾額各一（註一一）。此外，尚有甚多扁額及對聯（註一二）係由政府高級官員與社會名流所書寫或贈與（註一三）。佛光山則座落於高雄縣之大樹鄉，其觀音殿係於一九七一年四月十一日完成。當落成之日，國民政府之內政部長主持揭幕儀式。兩年後，當時之行政院長蔣經國及台灣省主席謝東閔曾訪問佛光山（註一四）。

三軍大學校長蔣緯國與其他高級將領亦於一九七四年四月十九日參觀佛光山，蔣緯國且簽名為修造佛像捐款（註一五）。佛光山之多數建築物，如育幼院、教堂與大門等，均為民意代表、銀行經理、工業家及富商等捐建（註一六）。當佛光山舉行紀念儀式時，地方政府之高級官員均曾參與（註一七）。佛光山於一九六九年舉辦第一屆大專夏令營，共有來自廿六所大專學校之學生參加為期兩週之佛法研討。其後，此一夏令營每年均舉辦一次且極受政府官員及地方政府之支持（註一八）。

當威爾治(Holmes Welch)研討中國佛教之未來時宣稱：「如果中國共產黨未佔據大陸，中國之佛教何去何從？我認為下述三種繼續之趨勢會決定其命運：支持佛教之俗人日漸減少；佛寺經濟之破產；及怠於佛法之修行。」（註一九）。但C.K.楊則持不同之見解，彼宣稱：「第二次世界大戰後可能為中國佛教復興之時機，但此一機會卻因共產黨於一九四九年之佔據大陸而結束。」（註二〇）。如吾人將威爾治之觀點與今日台灣佛教作一比較時，其觀點顯有差誤。玄奘寺與佛光山獲俗人及政府之強有力支持是為一例。

佛光山之第一個五年計劃（一九六七－一九七二）共耗費新台幣四千萬元（時值約一百萬美元），此一計劃包括完成觀音殿、宿舍、圖書館及教室等。其費用均由俗人所捐獻（註二一）。當威爾治提到佛寺經濟時，彼甚為重視土地之價值及面積。彼宣稱：「在台灣之情況甚劣，佛寺之土地被永久沒收。」（註二二）。又稱：「……一九五三年十月……包括佛寺在內之土地所有人，可保有四十五畝之土地，其多出部份可獲適度之補償……。其結果是限制了出家人的數目，因其經費係由佛寺本身依土地租金而來；實質上，台灣目前並無如在大陸之大佛寺存在。」（註二三）。事實上，今日之台灣經濟重視工商業，土地已非主要或唯一之財源。台灣佛寺主要之經濟來源係來自信徒之捐獻，尤其是富商及工業家，甚至有人獨捐樓房一幢者（註二四）。由於俗人之捐獻，台灣佛寺之經濟情形甚為富足。譬如一九七六年底，台灣省政府舉行一獎勵儀式，以酬謝四十四所寺廟對於社會福利工作之貢獻，其中佛教之靜思精舍共捐獻政府新台幣三百萬元（時約七萬五千元美元）以從事社會福利事業（註二五）。其他例子為觀音寺，此寺捐獻新台幣一百萬元（時約二萬五千元美元）作為獎學金之用，另捐獻新台幣八十萬元舉辦運動會（註二六）。故威爾治所言之「支持佛教之俗人日漸減少；佛寺經濟之破產」，均與今日台灣佛寺之實際情形不符。

二、教育與文化活動

大多數於一九四九年以前訪問或研究大陸佛寺之學者均認為：多數大陸佛教僧侶均係愚昧無知，且甚多佛寺殘破不堪，亟需修繕（註二七）。但此種存在於一九四九年前大陸佛寺之情形，已不復重見於今日台灣，佛教僧侶中之文盲幾乎已在台灣絕跡（註二八），因國民政府遷台後，決定實行六年義務教育，其後，又施行九年義務教育至今（註二九）。故凡一九四三年後出生者，最少曾接受六年之義務教育（註三〇）。由於來自信徒之充裕捐獻，台灣之佛寺極少殘破不堪或需大加修繕者（註三一）。因文盲及佛寺殘破問題之不復存在，已使人們對台灣佛教之印象耳目一新。

自中國史籍觀之，多數佛寺曾為教育及文化活動之中心。中國佛寺不僅傳揚與研討佛法，而且亦從事翻譯、坐禪、平民教育與文化活動等，故中國佛寺之活動範圍並非僅限於宗教及宗教活動，亦包括了一般平民與文化活動（註三二），最佳之例為唐朝慈恩宗之所在地慈恩寺（註三三）。當時之慈恩寺為著名文人及高級官吏之聚會地。公元七〇五年後，唐朝進士（註三四）相聚於慈恩寺，並題名塔下（註三五）。清代台灣之著名佛寺亦有上述類似大陸佛寺之情形，如每逢佳節文人、詩人均相聚於竹溪寺、法華寺與開元寺吟詩飲酒，其主題多涉及此等佛寺之史蹟或景色（註三六）甚多清代在台著名之書院亦與著名之佛寺有密切關係。據《台灣府志》記載，康熙時期（一六六二——一七二二年）著名之竹溪書院及彌陀書院（註三七），即係座落於竹溪寺及彌陀寺內（註三八）；乾隆期間，著名之南華書院亦位於法華寺南湖之濱（註三九），且均係地方政府高級官員所興建（註四〇）。此種現象不但說明台灣佛寺與政府間之密切之關係，同時亦顯示佛寺在一般教育上之重要性（註四一）。

一九四九年後，慈航法師及曉雲法師可為台灣佛教領袖致力於教育及佛教改革之兩位代表。威爾治(Holmes Welch)稱：慈航「是一位受人尊敬及有甚多信徒的和尚」（註四二），他是名僧太虛的弟子（註四三）。台灣佛教徒稱慈航為中國曹洞宗第四十七代祖師（註四四）。慈航曾宣稱：「文化、教育及慈善事業為佛教的三個救生圈。」（註四五）。釋曉雲亦強調教育、翻譯事業及文化活動的重要性（註四六）。毫無疑問地，慈航與曉雲之態度可代表甚多在一九四九年前洞察中國佛教與佛寺弱點之佛教領袖（註四七）。

一般言之，台灣佛寺及佛教徒所從事之教育可分兩方面：㈠佛教教育。㈡與社會有關之教育事業與特別課程。

威爾治(Holmes Welch)在一份他「所知道或聽說過存在於中國介於一九一二年至一九五〇年間」之佛學院名單中，舉出了所有佛學院之名稱（註四八）。此一名單中共有七十一所佛學院，其中江蘇省佔最多數，共有十三所。北平共有九所，居於次位。據最近（一九七七年）台灣之統計，台灣共有佛學院卅七所（註四九）。故台灣佛學院之數量遠較以前大陸任何一省或市立佛學院數量為多，同時台灣一省佛學院之數量亦超過一九一二年至一九五〇年間中國大陸所有佛學院之半數。更有進者，甚多和尚與尼姑往國外進修或至佛光山之佛教大學進修（註五〇）。由於台灣佛寺辦理之佛教教育之高度發展，甚多富裕之佛寺轉而致力於一般社會教育及專科以上學校之教育。

至一九七八年止，共有一間專科學校與三間中學係由佛寺所創辦。此一專科學校係由華嚴蓮社創辦之智光商業專科學校（註五一），其性質與以前在大陸由佛寺所創辦之佛學院或學校不同；智光商專為一經教育部立案之正式學校，畢業學生可取得教育部認可之文憑。其餘三間中學則係：㈠與東和寺有關之私立泰北中學（註五二）；㈡由紀念慈航法師之慈航堂所創辦之慈航中學；㈢台中慈明寺創辦之慈明工商高級中學（註五三）。除創辦正式之學校外，台灣佛寺尚在十二所大專學校設立獎學金（註五四）。在台灣五十所大專院校中，並有由學生設立之佛學社或佛學團體，據統計，每年共有約一萬八千名大專學生參加此種社團（註五五）。

某些台灣佛寺亦致力於社會教育；如著名之龍山寺與十普寺均有為失學成人（未受完六年小學教育者）而舉辦之夜間補習教育，台中蓮社設有中文補習班，台中慎齋堂設有技藝訓練班（註五六）。但最有深遠意義的乃是佛學課程進入大專學校，此即佛學及佛教文化正式成為研究生選修課程，並在大學中成立一佛教文化研究所。在國民政府在大陸時期以及以前的台灣，這種情形是不可能發生的，此一研究所即中華學術院佛教文化研究所。自此一研究所設立後，有六篇有關佛教哲學、藝術與音樂之碩士論文係由佛教文化研究所所長曉雲法師指導完成（註五七）。同時，此一研究所亦協助永明寺在寺內設立蓮華學佛園，使之成為台灣北部聞名之學佛中心，甚多大學教授及大專學生均願為蓮華學佛園貢獻心力（註五八）。永明寺之尼姑亦經常協助佛教文化研究所從事編輯、校對及舉行佛教儀式等活動。

台灣佛教對社會及群眾之文化活動大約可分兩方面：㈠出版與廣播。㈡展覽與座談。茲分述如下：

㈠出版與廣播

佛教出版物可分兩大類：期刊與書籍。據威爾治(Holmes Welch)之一項統計，整個國民政府在大陸時代最少有七十種佛教期刊（註五九）。彼之此項統計係根據一九四〇年代至一九五〇年代之資料；出版佛教期刊最多之地方為上海市，共有廿種（註六〇）。據最近台灣之資料，在一九七七年四月八日左右台灣共有廿五種期刊（註六一），故台灣出版之佛教期刊遠較大陸時期任何一省或市所出版之佛教期刊為多。據一九七二年之資料，台灣共有佛教期刊廿二種，其中三種係大專佛學社所出版，八種係由台灣佛寺直接出版，慈明工商高級中學之創辦者慈明寺即出版兩種期刊（註六二），故台灣出版之佛教期刊似係在與日俱增中。數目豐富之台灣佛教期刊，不但反映了某些佛寺之經濟能力，同時亦顯示佛教在今日台灣是如何受到歡迎。

甚多台灣佛寺不僅出版期刊，同時亦出版佛經或有關佛學之書籍，如《大藏經》、《續大藏經》、《佛學辭典》或其他有關中國佛教之各種書籍（註六三）。大多數致力於一般教育之佛寺均有自行出版之期刊或書籍，如東和寺出版《中國佛教》期刊；慈明寺出版《慈明》與《慈聲》（註六四）；華嚴蓮社不但出版佛經及佛學辭典等，同時還出版有關佛教之書籍，其所屬印經會之經費係由信徒所捐獻，印經會即使用此經費作出版或贈書之用（註六五）。其他佛教期刊社亦有類似之組織（註六六）。綜言之，台灣之佛教徒不僅為建立佛寺而捐獻，且亦為佛教出版事業而捐獻。此等由佛教徒捐獻而出版之期刊、書籍或小冊，多見於商店之櫃台上或書店中，任人索閱，不收費用，此種贈閱性之刊物或許對一般群眾有相當之影響力（註六七）。在大陸時期，佛經多由佛寺所印行（註六八），但上述現象已不復再見於今日台灣；許多機構或出版商不僅出版一般之書籍，同時亦出版佛經與佛教書籍（註六九）。如台北曾成立一編纂《民國高僧傳》之編纂委員會（註七〇）；中華學術院佛教文化研究所於一九七二年出版三百十三頁之《廿年來佛教經書論文索引》，共搜羅一九五一年至一九七一年有關佛教經書論文題目共三千三百種（註七一）。如吾人將威爾治(Holmes Welch)引用陳榮捷所提及之五百卅七種佛教書籍、期刊及論文（一九二〇年至一九三五年間出版）相較，則在台灣出版有關佛教書籍、期刊及論文之數目實遠比大陸時為多。以上實例顯示，當台灣之佛教廣受歡迎時，不但佛寺獲得強力之支持，同時佛教出版業亦隨之興旺。

前曾提及，自佛教傳入中國後，甚多中國之佛寺亦為譯經中心。在今日台灣，部份佛寺仍具有上述之特性，如新竹福嚴精舍之譯經院即係由美國之沈家楨所資助（註七二）。此一譯經院之主要任務為將中國佛經譯為外文，擔任翻譯者均為知識份子。無疑地，由此一譯經院翻譯而成之外文佛經，對一些對中國佛教具有興趣之外國學者而言，其貢獻當具甚大價值（註七三）。

據釋廣元稱：利用廣播宣揚佛教今日甚為流行，並廣受歡迎（註七四）。最佳之例為中國佛教會利用中國廣播公司（台灣第一大廣播公司）每月一或二次向中國大陸傳播佛法，同時亦在同一廣播公司每月以英文傳播佛法（註七五）。故台灣佛教界利用出版物、廣播以及其他大眾傳播媒介傳佈佛法之方式，對台灣社會當有深遠之影響。

㈡展覽與座談

釋曉雲於一九七三年宣稱：「吾人今日面對此新思潮、新現象，則必須有一新計劃、新開展。其實所謂新，即實踐之行動。今日之事，已不是昨日之事，又昨日之事，決不是今日之事。故『我們不是昨日之黃昏，但屬於明天之午畫』」（註七六）。上述之聲明顯示今日一些台灣佛教領袖不但提示新思想而且也提示適應時代的新活動。在此種情形下，許多在以前從未或極少實行過的具體活動，在近幾年中頻頻舉行。這種活動不但影響社會上的群眾，同時也增進了佛寺與俗人間的關係；如在一九六七年所舉行的佛教繪畫展覽為國民政府期間的創舉（註七七）。此一展覽係由陽明山永明寺與中華學術院佛教文化研究所所主辦，且吸引甚多觀眾（註七八）。同年秋季，又有一佛教書展，包括佛經、佛像與有關佛教之書籍（註七九）。自一九六七年至一九七四年間，永明寺與佛教文化研究所共舉辦超過十次類似之展覽（註八〇）。上述之展覽舉行時，多數台灣重要之報紙均有消息報導，其中最盛大者為一九七五年舉行之「清涼藝展」，台北三家電視台及各報均加報導。此一藝展主要部份為有關佛教或教義之花卉、山水、禪宗等，作者多為和尚及尼姑，有部份作者係在永明寺蓮華學佛園學佛之出家尼姑（註八一）。

據報導，高雄之佛光山舉行儀式時，有時參加之信徒高達一萬人（註八二）。佛光山之香客有由各地、海外或組團來敬拜者，如一九七四年十一月九日各國駐華使節至佛光山參觀；同年七月廿一日有日本佛教青年團團員四百人至佛光山參拜；同年四月十三日新加坡南洋大學佛學研究社社員至佛光山請教佛法；同年十二月廿八日台灣新聞記者公會至佛光山參觀等（註八三）。佛光山且建一佔地約八百坪（註八四）之博物館，其建館之原因係由於遊客及香客之日漸增多，及台灣社會對佛光山之注視；另一方面，此一博物館與其主辦之展覽當可激發信徒之踴躍捐獻及對佛教之向心力（註八五）。

為了達到宣揚佛教及與社會發生密切關係之目的，甚多台灣佛寺採取積極之方法，其最顯著之例為由釋曉雲主持之佛學研討會；參加研討會之人士均非出家人，研討之題目包括佛經及佛教文化。此一研討會吸引了甚多知識份子、大專學生及來台學習之外國學生（註八六）。其性質頗近似慧遠之住持東林寺時期。據釋曉雲稱：在一九六七年至一九七三年間，佛教文化研究所與永明寺合辦之研討會與晚間禪坐，最少在六十次以上（註八七）。由參加上述聚會人數之眾多，可知甚多台灣佛寺對許多社會一般人士之生活頗具影響性；一些對佛教有興趣而非佛教徒的人，不但有機會聆聽佛教教義，同時亦有機會研討教義。

三、社會福利與救濟

遠在第二世紀的最後十年中，中國佛教徒已非正式的從事社會福利及救濟事業；當笮融浴佛時，設酒宴於途以享民眾，即為最明顯之例（註八八）。在國民政府期間，中國佛教會於一九四七年五月之南京會議中，正式建立社會福利及救濟方案（註八九）；但此一事實並非表示「直至廿世紀，因佛教迎合現代社會之活動而建立慈善事業。」（註九〇）。如唐代之洪昉禪師曾以行乞所得資財，在陝州龍光寺設立可容數百人之養病坊（註九一）。此外，唐朝佛寺多有「無盡藏院」，即以投資式生息所得錢財無息借貸窮人，此一制度至宋朝仍甚盛行，改稱為「長生庫」，日本江戶時代之寺院亦有類似之制度（註九二）。

甚多台灣佛寺均從事社會福利及救濟事業，其項目包括救濟院、養老院、孤兒院、診所、醫院與公墓等；除醫院外，高雄之佛光山均有上述之設置。唯一之佛教菩提醫院則在台中縣之大里鎮（註九三）。佛光山之普門診所對貧民均免費治療（註九四）。部份學者宣稱佛教之福利及慈善事業係模倣西方之傳教士或受天主教及基督教之影響，如威爾治(Holmes Welch)稱：「米速羅(Mizuno)坦率地說（佛教）學校及孤兒院之設立係倣效基督教傳教士所為。」（註九五）。陳榮捷亦言：佛教之「社會服務…大部係受基督教會之影響，同時佛教在此方面之各項措施係徹底仿效基督教之形式。」（註九六）。

吾人如考諸古代佛教史，唐朝武則天曾令各州建大雲經寺，寺中設「悲田院」以收容孤兒老弱，又設「養病院」以收容病患；所需經費由政府支付，但管理及經營則委佛寺擔任（註九七）。故早於第七世紀中國佛寺已有孤兒院及醫院之設，現代中國佛寺所致力的福利及慈善事業只不過是繼續古代佛寺所行之事業而已。

除上述之慈善事業外，台灣佛寺對一般學校及修橋舖路等事亦多有捐獻（註九八），且多受政府支持。如台東慈雲寺捐獻新台幣一百萬元（時值二萬五千美元）建築天龍橋，以增進地方交通；當此橋於一九七七年二月完成時，台灣官方報紙—中央日報，曾特加報導（註九九）。台灣佛寺對福利或慈善工作所捐之錢財，並不一定「由富有之俗人捐獻」（註一〇〇），甚多係佛寺本身決定自其基金內支付（註一〇一）。

威爾治(Holmes Welch)稱：國民政府在大陸時期之佛寺建立孤兒院、診所、現代學校等以從事福利事業時，「甚少由佛寺之出家人擔任。因彼等對此種事毫無經驗。」（註一〇二）。實際上，今日台灣之情形卻與前大不相同，台灣之出家人已普遍地擔任福利或慈善事業之多種職務；如佛光山之朝山會館係由留日之女尼擔任；孤兒院院長係留日碩士，亦為一女尼；幼稚園園長在出家前即為教師等（註一〇三）。更有進者，其在宜蘭之幼稚園且與地方政府合作從事幼稚園師資之訓練，訓練計劃之重要職位均由在幼稚園負責之女尼擔任（註一〇四）。其他例子則為陽明山永明寺之女尼，及蓮華學佛園學生協助佛教文化研究所編校刊物等活動。

敬拜祖先為中國傳統之風俗習慣，為適應需要，台灣佛寺亦提供服務，且的確予人便利，雖然顧客並非一定為佛教徒，最佳之例為甚多人於親朋逝世後，火化其遺體，然後將骨灰存於佛寺內，每逢清明節或死者忌辰時即前往弔祭之（註一〇五）。如此，則在世親友可省跋涉山郊之勞，同時亦可減少在墓前焚燒紙箔及點燭時所發生之意外火災（註一〇六）。

無疑地，佛寺及僧侶對社會之服務可使雙方均蒙其利；在實質上，此為深入群眾社會及傳播佛法之最佳方式。一般言之，佛教僧侶致力社會福利及慈善事業之動機可能基於下列三種因素：㈠此為傳播佛教之一種方式，且可在社會中受到歡迎。㈡佛教徒認為係對社會所應負之義務及責任。㈢受佛經教義之影響。因六度波羅蜜(Pāramitā)中首先強調佈施也，故《華嚴經》卷四十言：「因於大悲生菩提心；因菩提心成等正覺。」（註一〇七）。

四、娛樂

多數之佛寺前均有廣場，人們多利用其空間作娛樂表演或臨時市場，如「廟會」即為一例（註一〇八）。一般言之，鄉村之廟會遠較城市之廟會為多，廟會之日有技藝表演、戲劇或競賽等，小販及商人亦趁機販賣物品，故亦具經濟作用（註一〇九）。廟會日期雖與宗教或信仰有關，但有時並不一定受其拘束，因廟會之主要作用是在娛樂及交易也。

在今日台灣及國民政府在大陸時期，甚多民間技藝，如地方戲劇、技擊、雜耍、花燈等均在寺廟前舉行。在大陸時期，南京護國寺、隆福寺，北平全真觀以及開封相國寺之廟會最為著名（註一一〇）。在台灣，其最著名者為台北之龍山寺。

龍山寺於每年農曆正月十五日均舉行花燈展覽，吸引甚多市內及外地之觀眾；報紙、電台、電視台均派記者前往採訪攝影，且有連續報導數日者（註一一一）。因龍山寺位於台北市內，且前有廣場，諸如台灣戲、舞龍、舞獅、民間技藝等均在前表演，故龍山寺不僅是佛教寺院，同時亦是民眾節日娛樂中心，時日一久，商販在附近聚集者日漸增多，現寺外已成台北市及台灣聞名之攤販市場。

台灣某些佛寺甚至致力於娛樂事業或相關事業之發展，如台東之慈雲寺即置地三英畝籌建娛樂中心，且獲地方政府之大力支持（註一一二）；台北縣之觀音寺自費舉辦運動會，競賽項目包括柔道、擊劍、拳擊、排球及乒乓球等，亦獲台北縣政府及桃園縣政府之強力支持（註一一三）。此外，部份團體或組織亦利用佛寺作為娛樂場所，如台中市扶輪社曾假寶覺寺彌勒佛像下之地下室作演奏樂器及台灣歌曲之用（註一一四）。由上述之事實顯示，今日台灣佛寺之性質已遠較威爾治(Holmes Welch)敘述之舊日大陸佛寺為複雜且具多元作用（註一一五）。

註釋

註　一：《洛陽伽藍記》卷一。

註　二：見《高僧傳》慧遠條，康茲(Edward Conze)稱：「……大約公元三五〇年，慧遠創立淨土宗。」見Edward Conze, *Buddhism: Its Essence & Development* (N.Y. 1959), P. 205.其實，慧遠生於公元三三四年，死於公元四一七年。慧遠於公元三五〇年時僅十七歲，故有誤也。慧遠之生辰見湯用彤著《漢魏兩晉南北朝佛教史》（台北，一九六二），第二四八頁。另見萊特著(Arthur F. Wright)（第二章，註一九），第四六頁。

註　三：《洛陽伽藍記》卷一。北海王於起事失敗後被殺。

註　四：隋文帝曾下詔三次：㈠公元六〇一年令建佛塔卅座。㈡公元六〇二年令建佛塔五一座。㈢公元六〇四年令建佛塔卅座。見野上俊靜著、釋聖嚴譯（第二章，註一九），第五一頁。

註　五：見野上俊靜著、釋聖嚴譯（第二章，註一九），第六五頁。

註　六：同前註，第一八一頁。

註　七：曾國藩為傑出之將領、政治家與學者。彼為典型之儒家信徒。其儒家思想散見於其家書及文章中，內容從未涉及佛教思想。

註　八：在佛教中，音樂與舞蹈之主要目的在頌揚三寶（佛、法、僧）。見丁福保著《佛學大辭典》（台北，一九七四），第一八〇二頁。據《阿彌陀佛經》(*Amitābhavy　ūha sūtra*)一卷記載，在西方樂土中有奏樂者，人們聞樂聲即歸依三寶。

註　九：《洛陽伽藍記》卷一。伎樂係因戰爭而停止。其他有伎樂而載於《洛陽伽藍記》中之佛寺有宣忠寺（卷四）與景明寺（卷三）等。日本之伎樂舞(Gigagu)即係受此影響。

註一〇：見威爾治(Holmes Welch)著（第二章，註一九），第一五三—一五五頁。彼稱：「中國總統林森。」（第一五三頁）其實林森之職位為國民政府主席。

註一一：扁額為撰寫，多數為木製。

註一二：扁額及對聯均為黑底金字或白字。

註一三：作者至玄奘寺時，見甚多扁額或對聯係政府五院院長所書贈者。其他政府高級官員有參謀總長、台灣省議會議長與工商界名流等。一九七七年四月十四日台籍之戴炎輝被任命為司法院院長。戴氏為東京帝國大學博士，曾任台灣大學教授逾卅年。其本人及夫人均為虔誠之佛教徒。見《中央日報》（一九七七年四月十五日），第三版。

註一四：佛光山為山名，亦代表座落佛光山上之寺院，因寺院未有特殊名稱，故兩者可通用。但福建之湧泉寺與鼓山情形卻不相同，因一為寺院之名稱，一為山之名稱，故兩者不能通用。蔣經國訪問詳情見《佛光山》（第二章，註二八），第一〇〇、一〇四頁。

註一五：同前註，第一一五頁。

註一六：為創設大慈育幼院之徐槐生係交通銀行分行經理，捐獻一千五百坪土地予大慈育幼院之謝義雄為義明貿易公司董事長；代表「覺世」雜誌捐獻佛光山大門之黃玉明係立法委員；代表夏威夷佛教協會捐獻香雲堂之閻路係大學教授。除此以外，當有其他工商界人士捐獻教室及其他建築物。當佛光山於一九六九年舉辦第一屆大專夏令營時，高雄市議員王青連及立法委員黃玉明均擔任副總幹事及總幹事之職。見《佛光山》（第二章，註二八），第六七、六九、九六、九八頁。

註一七：當佛光山宿舍於一九六八年完成時，高雄市警察局長及教育局長均參加落成儀式。見《佛光山》（第二章，註二八），第九六頁。

註一八：見《佛光山》（第二章，註二八），第六〇、八三、九七、九八頁。佛光山第一屆大專夏令營自七月廿八日起至八月九日止。夏令營學員除自辦小型報紙外，尚捐獻涼亭一座。一九七〇年之學員則捐獻彌勒佛像一尊。國民黨黨部對夏令營之開辦亦諸多協助。

註一九：見威爾治(Holmes Welch)（第二章，註一九），第二六四頁。

註二〇：C. K. Yang, *Religion in Chinese Society* (University of California Press, 1961) P. 359.

註二一：見《佛光山》（第二章，註二八），第八一、八二頁。捐獻信徒有夏威夷、馬來西亞、巴西……之華僑，亦有人以公司或工廠之名義捐贈。

註二二：Holmes Welch, *Buddhism Under Mao* (Harvard University, 1972), P.373. 威爾治亦稱：「宗教活動禁止在佛寺外周圍舉行。」事實上是因為國民政府於一九四九年即實施戒嚴法至今，無論宗教活動、會議、遊行、公共講演、舞會等均須事先獲准。一九四九年左右，此一規定執行甚為嚴格。但至今日，除大規模之公共集會或遊行外，其他在執行上已不如前之嚴格。

註二三：同前註，第五〇四頁。當國民政府在大陸期間，當時之社會結構仍然是以農業社會為主；地租與農產品為主要之收入。

註二四：如佛光山之圖書館即係海外華僑所捐獻。佛光山之教授宿舍係由一水泥廠所有人所捐獻。見《佛光山》（第二章，註二八），第八一、八二頁。另彰化大佛前之兩座石獅即係台灣工商業聞人吳火獅捐贈。

註二五：見《中央日報》航空版，（一九七六年十二月廿四、廿五日）第三版。獎勵儀式係由台灣省政府主席親自主持。各寺廟共捐款新台幣一千七百萬元（時約四十二萬五千美元）。此一儀式亦說明台灣寺廟在政府中之地位。

註二六：見《中央日報》航空版，（一九七七年一月十三、十七日）第三版。觀音寺係創立於一九四七年，卅年內經濟即極為富裕，可證明佛教在今日台灣之受歡迎程度。

註二七：陳榮捷稱：「…僧侶甚為腐化。寺院亦疏於維護或充滿商業化。」見Wing-Tsit Chan, *Religions Trends in Modern China* (N. Y., 1969) P. 54.布斯(Richard C. Bush)亦有同樣之看法，彼稱：「許多佛寺均需大修……一般人都認為僧侶之各方面訓練甚差，無紀律，並且僅重視替死人作法事或其他儀式，俾獲得金錢以維持生活。此為通常之現象。」見Richard C. Bush, *Religion in Communist China* (N. Y., 1970), P. 297，威爾治(Holmes Welch)稱：我曾徵詢一著名中國學者之意見。彼建議我不必重視所訪問過之僧侶，因『僧侶是無知的』。」見Holmes Welch, *The Practice of Chinese Buddhism* (Harvard University, 1973), P. ix，布羅費特(John Blofeld)亦稱：「僧侶學習之水準甚低，大多數均僅背誦經典而不明其義。」見John Blofeld, *Jewel in the Lotus*(London, 1948) P. 27.

註二八：威爾治(Holmes Welch)稱：「據一九五〇年四月十八至廿七日在寧波之調查，在四百七十位僧侶中有百分之卅五全係文盲；百分之六二係小學程度；百分之三係中學程度。又據一九五二年在阿育王室農業生產合作社之調查，在一百卅二位僧侶中有百分之十係文盲。」見威爾治(Holmes Welch)著（本節，註二七），第二五七頁。

註二九：見 *The Far East & Australasia*（第一章，註二），第七一三頁。

註三〇：作者於一九六五年開始研究佛學；一九七四年與一九七五年曾兩度由美國返台數月訪問台灣佛寺與僧侶。據個人之經驗及一九七四年與一九七五年之採訪研究，尚未遇一佛教僧侶係文盲者。一九七五年秋季，作者曾步行約三小時登新竹獅頭山訪問各佛寺，在山頂之開善寺得晤一位八十二歲之僧人，當作者有問題詢問時，彼多將答案寫於紙上，字體甚佳且有力，甚多大學生之書法尚不能與之相比。

註三一：台灣之佛寺甚少殘破不堪者。反之，甚多佛寺均已重新修繕。當作者訪問基隆月眉山之靈泉寺時（步行約一小時餘），見其外觀殘敗不堪，故甚為驚異，因此為第一次看見台灣佛寺有此情況者。及進入山門，見主殿兩傍堆滿新舊建材，原來此寺正在改建中。

註三二：三國時之孫權於公元二四七年為康僧會立建初寺。康僧會住寺期間翻譯甚多梵文佛經。見《高僧傳》康僧會條。當玄奘由印度歸國時，太宗迎住弘福寺，玄奘所譯之經典甚多完成於此，如著名之《大唐西域記》即為一例。見黃懺華著《中國佛教史》（台北，一九七四），第一七四頁。據《舊唐書》玄奘傳之記載，唐高宗建慈恩寺迎玄奘，待玄奘移住慈恩寺後，高宗命重臣學者輔助譯事，如房玄齡等。玄奘所譯之經典不但影響中國佛教甚巨，且亦影響中國文學，如「一剎那」即自佛經而來。

註三三：慈恩寺係唐高宗為玄奘所建。唐朝時為十大佛寺之一。

註三四：見第三章，第一節，註一一。

註三五：丁福保著（第三章，第二節，註八），第二三三頁。

註三六：見盧嘉興作（第二章，註一〇），第三六—三七頁。廢廬主人作（第三章，第一節，註一一），第一九、二三、二四頁。

註三七：書院中所授多為儒家學說。當康熙時期之書院建立於佛寺傍時，多以佛寺之名稱作為書院之名稱。見盧嘉興作（第二章，註一〇），第三五頁。佛教與儒家有時仍可相安無事。

註三八：同前註。

註三九：見廢廬主人作（第三章，第一節，註一一），第二三頁。

註四〇：見盧嘉興作（第二章，註一〇），第三五頁。文中提及當竹溪書院創建時，甚多民眾志願搬運石材協建。威爾治(Holmes Welch)稱：「……康有為曾上書清帝將佛寺及道觀改為學校……此並非創見，因黃宗羲於一六六二年時即有此議。」見威爾治著（第二章，註一九），第十頁。其實，利用寺院及其環境從事教育早已於康熙時在台灣實行。建議利用寺院作為教育場所之人並非一定如威爾治所說表示「對僧侶不友善」，見威爾治著（第二章，註一九），第十頁。許多在清朝時之台灣高級官吏均為佛教之支持者，如蔣允焄係重建台南法華寺者，但亦令設法華書院於法華寺傍。

註四一：在清朝時期，甚多學堂均設於孔廟或佛寺內，如台灣巡道王之麟到任後，即令建一儒學堂於台南孔廟內。見林熊祥著（第一章，註三），第五一頁。故清政府對佛教及儒學均極重視，主要仍為政治因素。

註四二：見威爾治(Holmes Welch)著（本節，註二七），第三四三頁。

註四三：一九四〇年代慈航法師曾學佛於廈門之閩南佛學院。見彭思衍著《慈航》（台北，一九六三），第卅五頁。

註四四：同前註。

註四五：同前註，第二五頁。

註四六：曉雲法師稱：「…將我國文字的佛經譯成英文，實有急切的需要…我們希望能培養專長的佛教學者…。」見釋曉雲著《佛教與時代》（台北，出版日期不詳），第二三七、二三八頁。彼亦稱：「…佛教文化研究所從事文藝的活動，以陶冶心性，及藉以宣揚佛法真義，從藝術的人生融入佛法的人生」（第二二四頁）。

註四七：布斯(Richard Bush)稱：「雖然一些傑出的佛教領袖對改革佛教的生活、思想及制度在中國首次有相當的成就，但是，當共產黨將近佔據大陸時，中國佛教的一般情況仍然甚差。」布斯著（本節，註二七），第二九七頁。

註四八：見威爾治(Holmes Welch)著（第二章，註一九），第二八五—二八七頁。據陳榮捷稱：「自一九二二年至一九三三年間除一些小型佛學班外，共有廿二所佛學院。在一九三七年，共有四十五所佛學院。」陳榮捷著（本節，註二七），第八五頁。

註四九：見釋廣元作「發展佛教事業」《中央日報》航空版（一九七七年四月八日），第三版。

註五〇：佛光山之佛教大學係稱叢林大學，成立於一九七三年。學生均係中學畢業，除招收和尚、尼姑外，亦准俗人入學，學生需修滿一八〇學分後方可畢業。見《佛光山》（第二章，註二八），第五三頁。威爾治(Holmes Welch)稱：「在全世界上，我不知道有任何中國和尚能說一些不流利的外語。即使那些住在海外數十年者通常都是全不諳外語，當傳法時，完全依賴俗人的翻譯……我僅知一人獲得學位。」威爾治著（第二章，註一九），第一一六、一一七頁。但陳榮捷則稱：「中共政府人民協商協會佛教代表Chu-tsan係一僧人，彼熟識佛教史與佛教哲學……通數種言語。」陳榮捷著（本節，註二七），第八四頁。據作者知，台北中華學術院佛教文化研究所所長釋曉雲即能說英語，彼曾至印度留學並遊歷歐美各地。佛光山之慈怡曾在日本獲碩士學位。當作者訪問台北竹溪寺時，嚮導法名慧觀，曾由中國佛教會保送至泰國留學一年。

註五一：見釋廣元作（本節，註四九）。據《佛教與時代》所述，此一專科學校係南亭、成一、悟一法師所創辦。見釋曉雲著（本節，註四六），第二二一頁。此三法師均非台籍而係由大陸來台者。一九七五年夏，作者應邀於其學校董事會後共進午餐，發現此一與佛教有關之專科學校校長並非佛教僧侶。

註五二：私立泰北中學分男女兩校，其女校則與東和寺為鄰，此種情形與清代台灣一些書院相似。據《中國佛教會報告》（台北，一九五四年），此一學校共有學生一千八百五十六人。

註五三：見釋廣元作（本節，註四九）。

註五四：同前註。

註五五：同前註。

註五六：見《中國佛教會報告》（本節，註五二）。據此報告，龍山寺有學生一八三人；十普寺有二八六人；台中蓮社有二八六人；慎齋堂有二四七人。除此以外，當有甚多佛寺有托兒所，如台中佛教會辦之托兒所即有二二五人。

註五七：見釋曉雲著（本節，註四六），第二二三、二二四頁。據此書之記載，台灣在大學研究所設立有關佛學之課程係始於一九六七年，科目為「佛教藝術」，係設於中國文化學院藝術研究所內，教授為佛教文化研究所所長釋曉雲。此一研究所亦出版學報及書籍，如《佛教文化學報》、《清涼月》、《佛教與時代》等。

註五八：釋曉雲曾應永明寺住持之請於寺內設立蓮華學佛園，並兼學佛園主持人。學佛園之學生有尼姑及受教育之年輕婦女，常於課餘至佛教文化研究所協助編輯校對事宜。甚多學佛園之教師係著名大學教授或擁有博士學位者。

註五九：見威爾治(Holmes Welch)著（第二章，註一九），第二七九頁。

註六〇：同前註，第二七九—二八四頁。其資料係來自一九三五年至一九三六年，與一九四二年至一九四三年之《中華民國年鑑》，以及《海潮音》雜誌（一九三五年一月號）。

註六一：見釋廣元作（本節，註四九）。

註六二：佛教文化研究所編《廿年來佛教經書論文索引》（台北，一九七二），第二九九—三〇〇頁。大眾日報每星期均有佛教專刊。期刊之詳細名稱閱附錄一。

註六三：見釋曉雲著（本節，註四六），第二二〇、二二一頁。如華嚴蓮社出版丁福保編之《佛學大辭典》及與台灣佛教會、香港佛教會合作出版之《續藏經》（一九六七年出版）等。《大藏經》則係中華佛教文化館之東初法師於一九五五年印行。

註六四：見註六二。

註六五：見釋曉雲著（本節，註四六），第二二一頁。陳榮捷稱：「甚多佛教的活動，如打坐、研習、養靜或慈善事業係由俗人組織之機構如蓮社等實行……而非在佛寺。」陳榮捷著（本節，註二七），第八五頁。其實蓮社與一般佛寺並無太多差別，如台北華嚴蓮社係由南亭與成一法師主持，兩者均為著名佛教和尚，後者則為主持；蓮社之佈置與裝置與一般佛寺相彷彿，非為一純粹屬於俗人之團體，而係俗人與佛教僧侶所組成者。一般言之，在普通佛寺中係出家人主理日常事務或佛教儀式，但在蓮社中則係出家人與俗人共同主理，此為蓮社與一般佛寺之最顯著差別；東晉慧遠所創立之蓮宗即為其例。據《蓮宗寶鑑》自敘記載：「……貞元二年正月又欽奉聖旨。賜通慧大師蓮社正宗。」故蓮社與蓮宗可通稱也。

註六六：作者於台北市區一印刷廠之櫃檯上取得一免費贈送之佛教書籍，此書係由「觀世音」雜誌社之佛經善書印送會印贈。此一印送會所出版之書籍多係與佛教有關者，但亦有與儒家、中國歷史有關之書籍。見戰德克著《歧路指歸》（台北，出版日期不詳），第四八頁。

註六七：此種印贈之書籍除台北市外，尚可見之於其他都市或鄉鎮。

註六八：威爾治(Holmes Welch)（第二章，註一九），第九九頁。

註六九：一些出版商如真善美，不但出版一般書籍，亦出版佛教書籍。見釋曉雲著（本節，註四六），第二二〇頁。

註七〇：同前註。

註七一：見《廿年來佛教經書論文索引》（本節，註六二），第三一三頁。此書係由師範大學、文化學院及蓮華學佛園之同學共同協助編輯，當工作期間華嚴蓮社住持及僧侶曾捐獻獎金以示酬勞。

註七二：見釋曉雲著（本節，註四六），第二二一、二三七頁。據《中央日報》記載，沈家楨係美國輪船公司董事長，曾捐款協建金山寺於三藩市之中國城，其後又捐一百萬美元協助該寺於加州購一擁地二百卅英畝之醫院。見《中央日報》航空版（一九七七年四月十六日），第三版。此一情形顯示佛教在台灣及海外均有俗人支持。

註七三：除此譯經院外，佛光山之佛教文化服務處亦有編纂及翻譯佛經與書籍之委員會。見《佛光山》（第二章，註二八），第八七頁。蘇爾慈(Soothill)與郝德士(Hodous)之中英佛學辭典(*A Dictionary of Chinese Buddhist Terms*)，即係由聖剛法師及兩位大學教授所增補。

註七四：見釋廣元作（本節，註四九）。據知廣播所需之費用係由各佛寺所捐獻，其內容則包括佛教教義及音樂。《見中國佛教會報告》（本節，註五二），第二頁。

註七五：據中國佛教會之報告，有四家廣播電台係與佛教有關者：㈠台北民本電台；㈡彰化國聲電台；㈢台南勝利電台；㈣高雄鳳鳴電台。見《中國佛教會報告》（本節，註五二），第二頁。

註七六：見釋曉雲作「國際佛教弘播之觀感」《清涼月》第七期（一九七三），第一、二頁。

註七七：見釋曉雲著（本節，註四六），第二二四頁。第一次展覽係一九六七年四月八日舉行。

註七八：同前註。

註七九：同前註。

註八〇：同前註。

註八一：此一展覽在台灣省博物館舉行，其時作者正由美返台蒐集論文資料，並應邀在「清涼藝展」特刊上發表「現代禪畫」短文乙篇（係佛教文化研究所編，一九七四年於台北印行）。至現場參觀時，觀眾極為踴躍，各電視台之攝影記者均在現場拍攝新聞影片，中國廣播公司董事長梁寒操亦蒞場參觀。

註八二：見《佛光山》（第二章，註二八），第一〇三頁。

註八三：同前註，第一一三、一一六、一一九、一二二頁。此一外交使節團約有五十人，包括美國駐台協防司令、菲律賓、南越、韓國、日本、巴拿馬、約旦、泰國與南美洲各國駐華大使等；係由外交部次長及台北市市長隨同至佛光山。翻譯日文及西班牙文者係由兩位尼姑擔任，英文翻譯則由普但博士(Dr. Leo M. Pruden)擔任，其本人係布朗大學(Brown Univ.)教授，正在佛光山研究佛教。

註八四：一坪等於〇・〇〇八一六英畝。

註八五：當外交使節團訪問佛光山時，尼加拉瓜共和國之代表首先捐款新台幣二百元，然後將盤遞交其他使節，請求捐款，一時反應極為熱烈。見本章註八三。

註八六：見釋曉雲著（本節，註四六），第二二五頁。據記載，參加研討會者包括大專教授、各佛學社代表、以及由德、法、美、澳來台學習之學生。

註八七：同前註。

註八八：見《後漢書》「陶謙傳」及《吳書》「劉繇傳」。據此兩傳記載「……笮融……大起浮屠寺…每浴佛，輒多設飲飯，布席於路，其有就食及觀者，且萬餘人。」（陶謙傳）「…每浴佛，多設酒飯，布席於路，經數十里，民人來觀及就食且萬人。」（劉繇傳）。當 Kenneth K. S. Chen 提及此事時，彼稱：「……每日浴佛……。」見Kenneth K. S. Chen, *Buddhism in China* (Princeton, 1964), P. 455.但據中國佛教習慣浴佛僅於浴佛節時舉行，而非每日舉行。

註八九：見陳榮捷著（本章，註二七），第八三頁。

註九〇：見威爾治(Holmes Welch)著（第二章，註一九），第一二三頁。彼曾提及佛教僧侶在過去所做的善事，如「埋葬路旁死屍，放生動物……等。」目前，由於經濟之進步，路旁有死屍之情況已不復再有，但放生動物，如龜、魚等仍屢見不鮮。

註九一：見野上俊靜著、釋聖嚴譯（第二章，註一九），第七一、七二頁。甚多唐代之佛教名僧均致力於社會福利事業，如曇融在「三十餘州，架設橋樑達四十八座。」且親為黃河渡守。又應參拜五台山者之需，設普通院（旅社）數處，其普通院之狀況載於日本慈覺大師圓仁之《入唐求法巡禮行記》中。

註九二：同前註。據稱「長生庫」係淵源於隋代信行禪師之「無盡藏院」，在唐代極為流行。

註九三：見《佛光山》（第二章，註二八），第五九—七二頁；釋廣元作（本節，註四九）。佛光山現有一仁愛救濟院在宜蘭縣礁溪，另在佛光山有佛光精舍供老人退休養老之所，及大慈育幼院收養孤兒。

註九四：同前註。佛光山之普門診所除服務僧侶外尚為附近村民診病，中西醫均備，醫藥費用均由信徒布施。

註九五：見威爾治(holmes Welch)著（第二章，註一九），第一三〇頁。

註九六：陳榮捷(Wing-tsit Chan)著（本節，註二七），第八二頁。

註九七：見野上俊靜著、釋聖嚴譯（第二章，註一九），第七一頁。此一制度實行至第九世紀。

註九八：詳情見「與社會名流、政府官員及知識份子之關係」部份。此四十四所捐款之寺廟大約可分兩重要部分：九所寺廟捐款五十萬以上（時價一萬二千五百美元），另外卅二所寺廟捐款十萬元以上。（時價二千五百美元）。上述寺廟之名稱出於《中央日報》社會版中（一九七六年十二月十日），其後該報（一九七六年十二月廿四日）又以短評稱贊此等寺廟對社會之貢獻。此為台灣省政府第一次之公開表揚儀式，除由省主席親自主持外，參加者尚有省政府秘書長及民政廳廳長等，可顯示台灣寺廟之地位已日漸重要。

註九九：見《中央日報》航空版（一九七七年二月七日），第三版。

註一〇〇：威爾治(Holmes Welch)稱：「佛寺有時救濟水或火災災民……供應食物、衣服或棺木，但係由富有者支付費用。」威爾治著（第二章，註一九），第一二三頁。

註一〇一：台灣佛寺從事之社會福利或慈善事業並不一定係由富人捐助，一般佛寺均有由信徒捐獻或投資利潤而聚積之基金，如觀音寺決定捐獻新台幣一百萬元作獎學金時，即係由其董事會所決定。見《中央日報》航空版（一九七七年一月十三日），第三版。

註一〇二：威爾治(Holmes Welch)著（第二章，註一九），第一三〇頁。

註一〇三：普門診所主任係女尼依如法師。佛光山在宜蘭市之慈愛幼稚園初創時（一九五六）僅有三位教師，其後均至國外留學並出家。見《佛光山》（第二章，註二八），第五五、五九、六七－七〇頁。

註一〇四：同前註，第五九頁。佛光山有兩所幼稚園：一在宜蘭，一在高雄；前者曾與宜蘭縣政府及救國團合辦幼教師資訓練班。

註一〇五：清明節掃墓之風氣係始於宋朝。見《中央日報》航空版（一九七七年四月六日），第三版。

註一〇六：同前註。因中國之陵墓多在郊外或山上，故往返甚費時日。一九七七年四月五日（清明節）台北近郊山上甚多小火災，均係因燒紙箔而起。

註一〇七：佛說人須謝四恩，此四恩即佛及菩薩恩，父母及師恩，大眾恩及國家恩。見宏法寺編《慈恩獎學基金會緣起》（高雄，一九七一），第三頁。在佛教中「施物為功，歸己曰德」（《天台仁王經疏》上），「滿功德藏，住如來位」（《新譯仁王經》下）。

註一〇八：見黃華節作「廟宇的社會機能」《東方雜誌》，第七卷（一九六八），第七一頁。

註一〇九：同前註：文中提及北方之廟會遠較南方為隆重，甚多不易見之物品均可於廟會中購得。

註一一〇：同註一〇八。文中提及蘇州之玄妙觀、南京之城隍廟等均為著名之廟會勝地。在台灣，除龍山寺外，新竹之城隍廟亦甚著名，部份遊客甚至不踏足廟內，僅在廟外廣場參觀各種表演及購買物品等。

註一一一：台灣之三家電視台多將元宵節之活動於新聞中播出。一九七七年元宵之花燈展出共計廿天（自三月一日至三月廿日），中央日報連續兩天刊載元宵及花燈比賽之消息，且附照片。見《中央日報》航空版（一九七七年三月三、四日），第三版。

註一一二：一英畝係慈雲寺自購，另兩英畝則係信徒捐贈，故台灣佛寺之多項支出及決定，包括社會福利工作，並不一定全靠富人之捐獻。見《中央日報》航空版（一九七七年二月七日），第三版。

註一一三：報紙以兩天之時間刊載此消息，故台灣佛寺之活動對社會之影響甚大。見《中央日報》航空版（一九七七年一月十三日），第三版。

註一一四：見賴水木編「地方新聞集錦」《海外學人》第五五期（一九七六），第六一頁。據此文之報導，參加者全為老人，高齡者達七七歲，表演內容有古代或傳統之台灣音樂及歌唱。

註一一五：威爾治(Holmes Welch)著（第二章，註一九），第一三〇、一三一頁。

第三節 台灣佛教禮儀

中國佛教禮儀與佛像及佛教活動有極密切的關係，如僧侶膜拜釋迦牟尼佛時之禮儀與膜拜阿彌陀佛時之禮儀並不相同（註一）；同樣地，當僧侶於禪房練習禪坐時，其所行之儀式亦與前兩者相異（註二）。台灣中國佛教會於一九七三年曾出版《佛教朝暮課誦》一書（註三），書內所述大部取材自一九三八年經淨土宗（註四）印光法師認可之《靈巖山寺念誦儀規》內（註五）。一般言之，除密宗外，中國佛教各宗與佛寺所實施之禮儀，多數均受道安及淨土宗之強烈影響（註六），甚至禪宗之佛寺亦做照甚多淨土宗之禮儀，因台灣之禪寺係「禪淨雙修」，且敬拜佛像，此種情形與前期中國大陸各禪寺之情況甚為相似（註七）；故在提及台灣佛教禮儀前，必先研討淨土宗禮儀之源起及發展。

道安

據《高僧傳》之記載，道安（三一二年至三八五年）對中國佛教有如下之貢獻：

㈠編纂佛經目錄——

據《高僧傳》稱：「自漢魏迄晉，經來稍多，而轉經之人，名字弗說，後人追尋，莫測年代。安乃總集名目，表其時人，詮品新舊，撰為經錄，眾經有據，實由其功。」（註八）

㈡註解佛經——

《高僧傳》曰：「初經出已久，而舊譯時謬，致使深義隱沒未通，每至講說，唯敘大意轉讀而已。安窮覽經典，鉤深致遠，其所注《般若》、《道行》、《密跡》、《安般》諸經，並尋文比句，為起盡之義，及析疑甄解凡二十二卷。序致淵富，妙盡深旨，條貫既序，文理會通，經義克明，自安始也。」（註九）。故道安當為佛經註解之第一人（註一〇）。

㈢以「釋」為姓——

《高僧傳》曰：「初魏晉沙門依師為姓，故姓各不同，安以為大師之本，莫尊釋迦，乃以釋命氏。」「故自稱其名為釋道安。此後佛徒咸以釋氏為姓。」（註一一）。淨土宗第十三代祖師印光之全名為釋印光即為其例（註一二）。今日台灣佛教僧侶亦遵此規。

㈣制定規律儀式—

《高僧傳》稱：「安既德為宗，學兼三藏，所制僧尼軌範，佛法憲章，條為三例：一曰行香定座上經上講之法（註一三）；二曰常日六時行道飲食唱時法；三曰布薩（註一四）差使悔過等法。天下寺舍，遂則從之。」（註一五）。

雖然《高僧傳》並未提及道安為何建立佛教儀規，但據不同之資料敘述，其動機係由於當時佛教律（註一八）。㈡據《後漢書》「楚王英傳」記載，楚王英「為浮屠齋戒祭祀。」（註一九）。一般言之，當齋戒祭祀時必有相當隆重之儀式也。㈢據《後漢書》與《吳書》記載，笮融曾起浮屠寺及浴佛（註二〇），當浴佛時，必舉行特定之儀式。由上觀之，在後漢及公元第四世紀施行的儀規必甚簡陋，否則法顯亦無須西度印度求取戒律（註二一）。換言之，道安可稱為在中國記錄上第一個正式制定中國佛教儀規者。

慧遠與善導

據《高僧傳》記載，時逢攝提格（公元四〇二年），慧遠（公元三三四至四一六年）與貞信之士一百廿三人，集於廬山之陰，在阿彌陀像前立誓，專心空門，以期至西方淨土（註二二），此為佛教蓮社（又稱蓮宗或淨土宗）之緣起（註二三）。慧遠雖被尊為淨土宗之開山祖師，但並非如萊特(Wright)所稱：為「倡導藉一心歸依阿彌陀佛而登極樂之說的第一人。」（註二四），因西晉之闕公則於公元第三世紀末，已有藉一心歸依阿彌陀佛而登西方淨土之說，且有門人數人（註二五）；但無疑的，中國淨土宗思想之正式建立，幾全為慧遠之功也（註二六）。

慧遠係於廿一歲時（公元三五四年）遇道安於衡山，「聞道安講般若經

(*Prajñā-pāramitā Sūtra*)，豁然而悟，乃歎曰：儒道九派，皆糠粃耳。便與弟慧持，投簪落髮，委命受業。」（註二七）。據《高僧傳》、《出三藏記集》（註二八）等之記載，慧遠為道安最傑出之門徒，廿四歲時即登壇講道（註二九），道安常歎曰：「使道流東國，其在遠乎？」（註三〇）。湯用彤曾舉出道安之態度及思想有如下之特色：㈠勤奮；㈡認真；㈢一心歸依彌勒佛之淨土；㈣強調般若(*Prajñā*)思想；㈤嚴守戒律（註三一）。據湯用彤及《高僧傳》，慧遠跟隨道安共廿四年餘（註三二），除慧遠係專心阿彌陀之淨土外，其餘之態度及思想可謂與道安幾乎完全相同（註三三）。最佳之例為道安極重儀規，當道安為《增一阿含經》(*Ekottar-āgama*)作序時曾稱：佛教儀規為中土亟需者，希皆因循並重視之。（註三四）。慧遠因受其師影響對佛教儀規亦極重視並嚴守之。據《高僧傳》記載，公元四一六年，慧遠病危，門徒進蜂蜜，慧遠恐犯戒律，令查條律，未已，慧遠已逝矣（註三五）。

慧遠本人亦制定佛教儀規，如逢有齋戒，慧遠均坐於正殿中央之高座上念誦咒文(Māntras)，此項儀規日後正式成為規定，並為中國佛寺所遵行（註三六）。故甚多佛教儀規似均始自或受淨土宗之強烈影響，難怪清朝禪宗大師玉琳稱：「宗雖各立，總未越斯。」（註三七）。此種看法不但說明淨土宗之影響性，同時也說明淨土宗與禪宗之關係（註三八）。玉琳又稱：「…晉遠公闢蓮宗於廬山，儒道咸歸，嗣後解脫之士，多於他宗。」（註三九）其觀點可說明淨土宗為何及如何一直流行至今日之主要原因。

慧遠居廬山時雖以嚴守儀規聞名，惜在唐代前並無正式儀規之典範流傳（註四〇），但無疑地，道安建立之儀規必為慧遠及其門人所繼續遵行，且在道安逝後，佛教儀規必逐漸增加。最佳之例為梁朝之法雲及唐朝淨土宗第二代祖師善導（公元六一七至六一八年）。據稱法雲於住光宅寺時曾制定儀規（註四一），唐朝著名僧人百丈（公元七〇九至七八八年）所撰之《百丈叢林清規證義記》即係參考法雲之儀規而來（註四二）。據各種不同之資料（註四三），淨土宗最早之正式儀規典籍為善導之《法事讚》、《往生禮讚》及《觀無量壽經疏》，故多數淨土宗所正式制定與實行之儀規其後均為其後代所遵循（註四四）。

佛教儀規

台灣中國佛教會所制定之《佛教朝暮課誦》稱：此本係「綜合各宗所習用者」（註四五）。事實上，其內容多由淨土宗之儀規而來（註四六），可見淨土宗對台灣佛寺儀規之強烈影響，故威爾治(Holmes Welch)於研究甚多中國佛寺後宣稱：「一般而言……雖然有些佛寺係分屬禪宗或淨土宗，但其儀規卻是相同。」（註四七）。因今日台灣佛寺所實施之儀規仍與以前在大陸時相同，故淨土宗在今日台灣仍極佔優勢，且各宗儀規亦已融合為一，否則《佛教朝暮課誦》不會宣稱其係「綜合各宗所習用者」。

據《佛教朝暮課誦》之內容，台灣佛教各宗寺院所實施之儀規大約可分為普通儀規及特別儀規兩大部份：

一、普通儀規

一、朝課

僧侶於早起後即聚集正殿，口誦贊偈及咒言，並敬拜諸佛及各菩薩。據《佛教朝暮課誦》及其他資料，僧侶於贊頌及敬拜時均有一定之內容及程序（註四八）。威爾治(Holmes Welch)稱多數中國佛寺於儀式進行時有如下之贊誦：

(1) 楞嚴咒(Sūraṅgama Mantra)
(2) 心經(*Hṛdaya Sūtra*)
(3) 贊佛偈
(4) 繞佛

⑸三皈依

⑹韋馱贊（註四九）

據《靈巖山寺念誦儀規》、《佛門必備課誦本》及《佛教朝暮課誦》之記載，每逢朔望（一日或十五）時，在敬拜正殿佛像後，加誦「香讚」於「楞嚴咒」前（註五〇）。「香讚」之內容如下：

「寶鼎爇名香，普遍十方，虔誠奉獻法中王（註五一）。端為民國祝萬歲，地久天長。端為民國祝萬歲，地久天長。南無香雲蓋，菩薩摩訶薩。南無香雲蓋，菩薩摩訶薩。南無香雲蓋，菩薩摩訶薩。」（註五二）

如行禮時非朔望，則於禮佛後念如下贊誦：

㈠楞嚴咒—

咒言多自梵文音譯而來，共四百廿七句，二千六百廿字（註五三）。威爾治(**Holmes Welch**)稱此咒「對念咒者毫無意思，因係由梵文音譯而來。」（註五四），其主要目的在使心境平靜（註五五）。如對咒文之咒語而言，威爾治所言極是，但在音譯咒語前有一中文贊偈，此贊偈卻具有意義（註五六）。

據各種資料，楞嚴咒係自《楞嚴經》(***Sūraṅgama Sūtra***)而來，此經係於公元七〇五年由梵僧波羅密多(**Pāramitā**)所譯（註五七）。楞嚴咒亦稱「佛頂咒」（註五八），據說當佛徒弟阿難(Ananda)為妖女所迷惑時，有佛光自阿難頂上出現，佛光中有釋迦牟尼像並念誦此咒一遍，釋迦牟尼隨即遣文殊前往搭救，阿難即藉咒言之力得以脫險（註五九）。據《智度論》稱，此咒有驅邪惡、止煩惱之效（註六〇）。

音譯楞嚴咒前之贊文如下：

「南無楞嚴會上佛菩薩（三稱）

妙湛總持不動尊　首楞嚴王世希有
銷我億劫顛倒想　不歷僧祇獲法身
願今得果成寶王　還度如是恒沙眾
將此深心奉塵剎　是則名為報佛恩
伏請世尊為證明　五濁惡世誓先入
如一眾生未成佛　終不於此取泥洹
大雄大力大慈悲　希更審除微細惑
令我早登無上覺　於十方界坐道場
舜若多性可銷亡　爍迦羅心無動轉
南無常住十方佛　南無常住十方法

南無常住十方僧　　南無釋迦牟尼佛

南無佛頂首楞嚴　　南無觀世音菩薩

南無金剛藏菩薩（註六一）」（註六二）

爾時世尊從肉髻中涌百寶光。光中涌出千葉寶蓮。有化如來坐寶花中。頂放十道百寶光明。一一光明皆遍示現。

十恆河沙金剛密跡。擎山持杵。遍虛空界。大眾仰觀。畏愛兼抱。求佛哀祐。一心聽佛無見頂相放光如來宣說神咒◎

楞嚴咒內之咒語（共分五部份）吾人雖不了解，但當有下列二種作用：㈠協助佛寺及僧侶除煩惱、驅邪惡。㈡使僧侶於早課及儀式開始時能清心窒欲，專心精進。

㈡大悲咒─

僧侶於念誦楞嚴咒後即繼續念誦大悲咒（註六三）。此咒共四一五字，亦為音譯。印光稱此咒源自觀世音菩薩，有保護眾生之作用（註六四）。但據《千手經》上記載：「若能稱誦大悲咒，婬欲大滅，邪心除。」（註六五），故大悲咒亦有止欲去邪之功效。

㈢十小咒─

大悲咒後即為十小咒（註六六）。此咒之十個小咒內容不明，因仍為音譯而來（註六七），僅其名稱有特殊之意義，此十小咒分別為：

(1)如意寶輪王陀羅尼(Cintāmaṇicakra Mantra)。當觀世音菩薩手持寶珠及如意寶輪時即稱如意寶輪王，為觀音變相之一。寶珠象徵能滿足眾生之願望，寶輪則為佛法之象徵（註六八）。當觀音現此相時，其身為金色並有六臂：第一臂之手勢係沉思狀，表示其常憫念眾生（註六九）；第二臂之手持一寶珠；第三臂之手則持一念珠，為救眾生苦難之象徵；第四臂之手持一蓮花，象徵能潔淨眾生罪惡；第五臂之手持一寶輪，其義已於前述及；第六臂為無盡之長手，象徵無所不及（註七〇）。此一咒語係協助信徒到達悟之境界並完成其所期望之目的，但在密宗中，相信此咒能消滅罪障（註七一）。此咒共八十五字（註七二）。

(2)消災吉祥神咒。此咒之主要作用係消災取吉，僅七十三字。據《佛門必備課誦本》稱，災消吉至，佛法必更易闡揚（註七三）。

(3)功德寶山神咒。此咒能使信徒獲功德寶。佛教徒相信，如有足夠之功德則易至悟之境界。本咒共卅九字（註七四）。

(4)準提神咒(Caṇḍi Mantra)。為十小咒中第二短之咒文，僅廿六字（註七五）。蘇爾慈(Soothill)及郝德士(Hodous)稱：「在婆羅門教之傳說中，準提是達加

(Durgā)或柏娃帝(Pārvati)戰鬥時之形像，為西瓦(Śiva)之妻。」（註七六）但在中國，準提為觀音化身之一，並譯為清淨，指其心性清淨也；有三目十八臂（註七七）。此咒之作用在使信徒藉準提之力得以心性清淨（註七八）。

(5)聖無量壽決定光明王陀羅尼(Amitāyus Mantra)。此咒有八十七字（註七九），希能得無量壽佛之智慧也（註八〇）。

(6)藥師灌頂神咒(Bhaiṣajyaguru Mantra)。此咒共五十五字（註八一），作用在免病痛之苦（註八二）。

(7)觀音靈感真言。此咒共五十四字（註八三），希觀音靈驗如所願（註八四）。

(8)七佛滅罪真言。此為十小咒中之最短者，僅廿三字（註八五）。據《長阿含經》(Dirghāgama)記載，七佛係毗婆尸佛(Vipaśyin)、尸棄佛(Sikhin)、毗舍婆佛(Viśvabbhu)、拘樓孫佛(Krakucchanda)、拘那岔佛(Kanakamuni)、迦葉佛(Kāsyapa)及釋迦牟尼佛(Sākyamuni)（註八六）。念誦此真言並遵七佛之教，可遠離罪惡（註八七）。

(9)往生咒。往生指往阿彌陀佛之西方淨土。此咒可助人至西方樂土（註八八），亦為淨土宗強烈影響台灣佛寺儀式之佳例。Kenneth K. S. Chén 言：在西方樂土中「無邪惡之代表存在，如動物……。」（註八九）事實上，在西方樂土中有白鶴、孔雀及鸚鵡等動物存在（註九〇）。此咒共五十九字（註九一）。

⑽吉祥天女咒(**Mahāsri Mantra**)。亦稱大吉祥天女咒或普天女咒，據《涅槃經》(**Nirvāṇa Sūtra**)言，吉祥天女為一可使人致富之女菩薩（註九二）。又據《陀羅尼集經》(***Dhāraṇipiṭaka***)言，其瓶中有種種寶物溢出（註九三）。此咒有九十二字（註九四），主要作用為佛寺及信徒求福（註九五）。

㈣心經(***Hṛdaya Sūtra***)—

僧侶念誦十小咒後即念誦心經，此一經文內容係強調「空」之觀念或諸法皆空之理（註九六），並於經文之末稱：「是大神咒，是大明咒，是無上咒，是無等等咒，能除一切苦。」

㈤讚佛偈—

亦稱起佛偈，但其所讚者除阿彌陀佛外尚有藥師佛、觀音、大勢至及諸菩薩等。此偈可分兩部份：第一部份讚頌諸菩薩及聖眾；第二部份則僅讚頌阿彌陀佛。其原文如下（註九七）：

摩訶般若波羅密多（三稱）

◯上來現前清淨眾　諷誦楞嚴秘密如來諸品咒　回向三寶眾龍天　守護伽藍諸聖眾（註九八）

三塗八難俱離苦　四恩三有盡霑恩　國界安寧兵革銷　風調雨順民安樂

大眾薰修希勝進　十地頓超無難事　三門清淨絕非虞　檀信歸依增福慧

○阿彌陀佛身金色（向上拜起問訊帶具）相好光明無等倫　白毫宛轉五須彌（至班首前一拜）　紺目澄清四大海

光中化佛無數億（向上一拜）化菩薩眾亦無邊　四十八願度眾生（至維邦前一拜）　九品咸令登彼岸

南無西方極樂世界　大慈大悲　阿彌陀佛（至法師前一拜向上一拜如無法師向上三拜畢問訊）

南無阿彌陀佛（隨念數百或一千聲，再轉念四字佛，迨大眾歸位齊，收結佛號，跪念以下三菩薩名，各三稱，心存觀想）

南無觀世音菩薩　南無大勢至菩薩　南無清淨大海眾菩薩

據規定，當僧侶念誦讚佛偈畢，必須念「南無阿彌陀佛」數百次或一千次（註九九），然後班首合掌念「阿彌陀佛」，待大眾歸位後，則令跪念南無觀世音菩薩、南無大勢至菩薩及南無清淨大海眾菩薩之名稱（註一〇〇）。

㈥十大願——

讚佛偈念誦完畢後，繼續跪念十大願（註一〇一），此十大願為：

(1)禮教諸佛

(2)稱讚如來

(3)廣修供養
(4)懺悔業障
(5)隨喜功德
(6)請轉法輪
(7)請佛住世（註一〇二）
(8)常隨佛學（註一〇三）
(9)恒順眾生
(10)普皆回向

(七)三皈依—

十大願全文念誦畢，繼續跪念三皈依，三皈依者即歸依於佛(Buddha)、法(Dharma)、僧(Saṅgha)也（註一〇四）。當僧侶誦畢第一皈依文時須拜下，然後再起；第二皈依文誦畢時亦行同樣儀式；當第三皈依文念畢時，僧侶須拜下，然後再起，繼行問訊禮，然後再起（註一〇五）。三皈依之內容為：

(1)自歸依佛；當願眾生，體解大道，發無上心。
(2)自歸依法；當願眾生，深入經藏，智慧如海。
(3)自歸依僧；當願眾生，統理大眾，一切無礙。

(八)吉祥天女神咒—

此咒與十小咒中之吉祥天女咒完全相同，重複之理由為：早課將完，複誦此咒可使佛寺及信徒獲福（註一〇六）。此咒須念誦三遍（註一〇七）。

(九)韋馱讚—

甚多大陸及台灣佛寺均有一韋馱（韋陀）塑像面向正殿，彼係佛寺及佛教之保護者（註一〇八），為感謝其貢獻，僧侶於朝課結束時誦韋馱讚如下：

韋馱天將菩薩化身　擁護佛法誓弘深
寶杵鎮魔軍　功德難倫　祈禱副群心
南無普眼菩薩摩訶薩摩訶若波羅蜜

誦畢韋馱讚後，朝課即結束。朝課結束後，各佛寺可依本身之規定，或坐禪，或講經，或唸經，或勞役於田，或修理道路及佛寺等（註一〇九）。一般言之，多數台灣佛教僧侶均有自食其力之觀念，以前「俗人須供養出家人」（註一一〇）之想法已在今日台灣沒落。

二、暮課

暮課之儀規與朝課相似，即僧侶仍聚集正殿敬拜佛像及念誦咒言，唯於敬拜佛像後，係誦《阿彌陀經》而非楞嚴咒（註一一一），繼之為心經、往生咒（註一一二）、讚佛偈與淨土文等（註一一三）。

據《佛祖統紀》稱，淨土文係宋朝慈雲所撰，故亦稱慈雲淨土文（註一一四）。念此文時僧侶仍跪念，其文如下：

一心歸命　極樂世界　阿彌陀佛　願以淨光照我　慈誓攝我　我今正念　稱如來名　為菩提道（註一一五）　求生淨土　佛昔本誓　若有眾生　欲生我國　志心信樂　乃至十念（註一一六）　若不生者　不取正覺　以此念佛因緣　得入如來　大誓海中　承佛慈力　眾罪消滅　善根增長　若臨命終　自知時至　身無病苦　心不貪戀　意不顛倒　如入禪定　佛及聖眾　手執金台　來迎接我（註一一七）　於一念頃　生極樂國　花開見佛　即聞佛乘（註一一八）　頓開佛慧　廣度眾生　滿菩提願　十方三世一切佛　一切菩薩摩訶薩　摩訶般若波羅蜜

念淨土文畢後，僧侶均起立，繼續念誦普賢警眾偈（註一一九）。普賢為在釋迦牟尼佛右邊之菩薩。其偈之內容如下：

是日已過　命亦隨滅　如少水魚　斯有何樂　大眾（大眾兩字僅維那一人唱）當勤精進　如救頭然　但念無常　慎勿放逸

此偈不見於《靈巖山寺念誦儀規》，但卻載於一九七三年出版之《佛門朝暮課誦》及一九七四年出版之《佛門必備課誦本》（註一二〇）。

普賢警眾偈後為三皈依及大悲咒，大悲咒後為伽藍讚（註一二一），其文如下：

伽藍主者　合寺威靈　欽承佛敕共輸誠　擁護法王城　為翰為屏　梵剎永安寧　南無護法藏菩薩摩訶薩　摩訶般若波羅蜜

僧侶念畢伽藍讚後，暮課即結束。一般而言，朝課及暮課為台灣佛寺最重要者，因僧侶不僅利用此時間膜拜佛像，同時亦利用念誦咒語及讚偈之方式於一日之開始及結束時使心清欲窒，力求精進（註一二二）。

二、特殊儀規

所謂特殊儀規係指台灣佛寺中非每日實施之儀規而言。一般言之，台灣佛教特殊儀規可分兩部份：禪堂儀規及諸佛菩薩誕辰儀規，但本文所提者僅為釋迦牟尼佛誕辰儀規。

一、佛七與禪七

因多數台灣佛寺致力於社會福利及教育事業，部份僧侶無法每日按時坐禪，故有利用數日時間練習坐禪者（註一二三），此種情形與以前中國大陸佛寺多每日坐禪之情形稍有不同（註一二四）。當佛寺連續七日念誦阿彌陀佛號及坐禪者稱為「佛七」（註一二五），但如連續七日專注坐禪者則稱「禪七」（註一二六），換言之，前者為日常一般之坐禪，後者為精進之坐禪。兩者均可延續數週（註一二七）。威爾治(Holmes Welch)似將兩者相混，彼稱：「坐禪週」（禪七）係於十月十五日開始。」（註一二八）其實，據《百丈叢林清規證義記》之記載，禪七可於任何時間開始（註一二九），故威爾治所稱開始於十月十五日之坐禪週實係「佛七」而非「禪七」（註一三〇）。

據佛教儀規，十月十五日為「佛七」之預備日，當晚誦戒後即加香，以後每日早課加香一枝，暮課較平時延長一小時，一直至十月二十六日為止（註一三一）。自十月十五日至十月廿六日稱為加香期，其目的在使參加者了解「佛七」期中之規矩、程序及訓練等（註一三二），故「佛七」雖僅有七日，但其準備工作卻於十一天前即開始。「佛七」係於十月廿七日正式開始，所有僧侶及參加之俗人均無需至正殿參加日常之朝暮課誦（註一三三）。

在「佛七」未討論前，吾人必先了解下列諸人之職責，因彼等在「佛七」與「禪七」中，均佔極重要地位。

㈠維那

據《南海寄歸內法傳》稱，維那係由梵文 **Karmadāna** 而來。義淨曰：「授事者。梵云羯磨陀那。陀那是授。羯磨是事。意道。以眾雜事指授於人。」（註一三四）故維那在佛寺中為領導者之一並在舉行儀式時有發號施令之權力。《百丈叢林清規證義記》卷六稱：「維那。綱維眾身。曲盡調攝。堂以內事。一人掌之，堂以外事。二時功課。率眾領班。上堂說法。白椎示眾。又如一切舉唱四向，以音聲為佛事，其任頗重。」（註一三五）其地位僅次於住持，如住持犯戒，維那亦可依法懲治。在禪堂中，維那係維持綱紀，主持儀式之負責人，為僧侶於禪坐期間有行為失檢或昏沉欲睡等情形發生，維那有絕對權力使用「香板」加以懲罰或糾舉。「香板」並非如威爾治(**Holmes Welch**)所說係「禪宗之代表物」，因淨土宗及實施「佛七」之佛寺均使用之（註一三六）。

㈡監香

監香即坐禪時之監督者。禪堂中經常有監香兩人，坐禪期間一在堂外巡視，一在堂內值堂。監香係由住持委派，每日分早起、午前、午後、晚間四班；其地位稍次維那，有事時須向維那報告。一般而言，監香所司之事與維那相似，但不得直接呵斥懲罰，如有犯規或昏睡者，監香僅可以香板指撥（註一三七）。

㈢巡香

巡香係協助監香者，亦有稱作巡幡師者，亦手執香板與監香同巡。

農曆十月廿七日「佛七」正式開始，禪堂中有無佛像均可（註一三八）監香須於每次焚香後僧侶歸位時及開靜念佛時，各巡視禪堂二次，但在止靜期間巡視則無次數限制（註一三九）。

因《佛教朝暮課誦》僅大略提及源自《靈巖山寺念誦儀規》有關「佛七」之程序，故須同時參考《佛門必備課誦本》及實際之儀式方可。據上述之資料，「佛七」共分六個階段，每一階段均焚香一枝，故每日均焚香六枝（註一四〇），其焚香之時間及程序如下：

(1)第一枝香—

上午七點半鐘　起香

八點鐘　歸位

八點一刻鐘　止靜

八點三刻鐘　開靜

九點鐘　迴向(Pariṇāmana)

第一枝香係由正監香師起香，然後三拜，隨即回香桌邊本位，向上問訊；問訊後即取桌上香板至堂外及堂內巡視一週，然後回香桌邊置香板於原處，坐返桌邊原位（註一四一）。此時維那領眾念《阿彌陀經》及往生咒三遍，隨即接讚佛偈，念讚佛偈時僧侶均圍繞佛像繞念，並呼「南無阿彌陀佛」佛號至八點鐘（註一四二）。八點鐘後，僧侶即歸本位，出聲念佛。八點一刻鐘開始即默念佛號。念佛之主要目的在使心靜不亂，此為淨土宗修行之要法（註一四三）。自八點鐘至八點一刻鐘維那監香及巡香均須巡視，如有昏沉者可用香板推撥之，如昏沉重者即令其下位跪拜（註一四四）。八點三刻鐘開始即為開靜，僧侶可出聲念佛號。九點鐘開始迴向(pariṇāmana)。據蘇爾慈(Soothill)及郝德士(Hodous)之解釋，迴向即「轉向(to turn toward)（註一四五），《往生論》則曰：「回向者。回己功德。普施眾生。共見阿彌陀如來。」（註一四六）故僧侶迴向之目的係以為本身之功德來自他人之貢獻犧牲，願以本身之功德轉予他人也。迴向文內容因各寺院及時期而異，並無一定之規定（註一四七），其中一例如下：

「願以此功德，莊嚴佛淨土。上報四重恩，下濟三塗苦（註一四八）。若有見聞者，悉發菩提心。盡此一報身，同生極樂國。」（註一四九）

迴向後，僧侶均下位，對面立，然後再接第二枝香（註一五〇）。

除時間不同外，第二枝香至第六枝香之程序儀式均與第一枝香相似，茲將其時間分列如下（註一五一）：

(2)第二枝香—

上午九點鐘　起香

九點半鐘　歸位

九點三刻鐘　止靜

十點一刻鐘　開靜

十點半鐘　迴向

(3)第三枝香—

下午一點鐘　起香

一點半鐘　歸位

一點三刻鐘　止靜

二點一刻鐘　開靜

二點半鐘　迴向

(4)第四枝香—

下午二點半鐘　起香

三點鐘　歸位

三點一刻鐘　止靜

三點三刻鐘　開靜
四點鐘　迴向

(5)第五枝香——
下午六點鐘　起香
六點半鐘　歸位
六點三刻鐘　止靜
七點一刻鐘　開靜
七點半鐘　迴向

(6)第六枝香——
下午七點半鐘　起香
七點三刻鐘　歸位
八點鐘　止靜
八點半鐘　開靜
九點鐘　迴向

在第六枝香中，當僧侶完畢「開靜」後，即一齊起立至佛前長跪合掌念大迴向，念至阿彌陀佛、南無阿彌陀佛、南無觀世音菩薩、南無大勢至菩薩、南無清淨大海眾菩薩時即須繞念，然後再跪下念誦三皈依。三皈依後須再三拜，然後禮拜歷代祖師，最後一位為主持「佛七」之和尚（註一五二）。隨後各人須為父母師長等求生淨土，最後維那念警眾偈後即全部完畢（註一五三）。

《百丈叢林清規證義記》稱：「叢林長年坐香參禪。何為又有禪七。蓋欲剋期成辦之意耳。學者於此時，當猛著精彩。較平日當加倍用心參究。」（註一五四）。中國之禪字雖源自印度梵文之禪那(dhyāna)或禪坐，但此處所談之禪係中國之「祖師禪」或「般若禪」而非印度之禪坐（註一五五），故中國「禪七」之最終目的係藉禪坐以獲般若(prajñā)。一般而言，「禪七」與「佛七」頗多類似，但在基本上有兩點不同：㈠當僧侶於「禪七」繞佛或禪坐時，不念誦阿彌陀佛名號，其間無咒語或贊偈，唯一之念誦係每枝香結束時之迴向文。禪坐之終極不僅在使心靜欲窒，同時亦在求悟或求般若，其境界遠較「佛七」為高（註一五六）。㈡在「禪七」期間往往邀請傑出佛教僧侶對參加者開示，如虛雲和尚應上海玉佛寺之邀及續祥法師至佛教文化研究所主持「禪七」等（註一五七）。

「禪七」之開示多甚簡短（十或十五分鐘左右），維那可斟酌開示之時間長短，調整作息表，佛寺住持於結束前一日須舉行口頭測驗，參加「禪七」之僧侶須當眾回答有關佛經、開示……等之各種問題（註一五八）。如與「佛七」相較，

「禪七」似較精進及有效，今日台灣佛寺多斟酌情形決定舉行「佛七」或「禪七」（註一五九），此亦為台灣佛寺實行「禪淨雙修」之一例。據虛雲和尚稱，多數大陸佛寺之禪堂有阿若憍陳如尊者像（註一六〇），但在今日台灣佛寺之禪堂，有供達摩祖師者，有供釋迦牟尼者，亦有無佛像在禪堂者（註一六一）。故在廿世紀之今日台灣，佛教禮儀之規定已遠較前富有彈性，且並非一成不變者，此種情形之發生，可能係受現代化思想及多數佛寺面積之影響，而使台灣佛寺不再墨守成規，因襲舊制（註一六二）。

二、釋迦牟尼誕辰

在台灣佛寺中，受信徒敬拜最多者為釋迦牟尼、阿彌陀佛及觀音（註一六三）。在慶祝諸佛菩薩誕辰中，以釋迦牟尼佛之誕辰最為隆重，其主因為釋迦牟尼(Śākyamuni)為佛教之「本師」（註一六四）或創始人，故其受尊敬程度自遠較他者為高（註一六五）。幾乎所有中國資料均記載四月八日為佛祖誕辰（註一六六），故國人均在此日慶祝其誕辰；據外國資料稱，釋迦牟尼約生於公元前五、六世紀（註一六七），但中國人則稱彼係生於公元前一〇七五年或公元前五四四年，至目前為止，台灣佛教徒公認公元前五四四年為佛祖誕生年（註一六八）。

中國歷史上，最早慶祝佛誕而行浴佛者，當為後漢時之笮融（註一六九）。舒伯(Alexander Soper)曾引法顯及玄奘所述者稱：在印度慶祝佛祖誕辰日程序之一為在市街遊行，佛祖像多置於車上或大象上遊行（註一七〇）。其實，此種類似之遊行在中國亦見之，其時間最少可追溯至北魏；《魏書》「釋老志」曰：「四月八日，輿諸佛像行於廣衢，帝親御門樓臨觀。」（註一七一）此一記載可證明，在北魏（公元三八六至五三三年）時，中國人已確認四月八日為佛祖誕辰，同時將佛像置於車上遊行亦係受印度之影響。時至今日，此種遊行仍偶見於台灣（註一七二）。

中國人多稱佛祖誕辰日為浴佛節，在儀式舉行前，參加者均須沐浴（註一七三），釋迦幼時佛像一尊係置於一小浴盆內，盆內置香水，再以鮮花圍繞之，然後放置於堂中央之桌上（註一七四）。據說佛祖誕生時，有九條龍噴香水浴佛身，沿後即成習俗（註一七五），但以水作慶祝儀式，在古印度時恐另有他意，即古印度帝王即位時，賀者盛其境內河水自頭傾下以作慶賀之意（註一七六）。

浴佛儀式開始時，大磬三聲，僧侶均聚集桌前誦「香讚」，住持即拈香拜（註一七七）。香讚之原文如下：

「戒定真香　焚起衝天上（註一七八）　弟子虔誠　爇在金爐放　頃刻紛紜　即遍滿十方　昔日耶輸　免難消災障　南無香雲蓋　菩薩摩訶薩　南無香雲蓋

菩薩摩訶薩　南無香雲蓋　菩薩摩訶薩」（註一七九）

「香讚」後，僧侶念「南無楞嚴會上佛菩薩」三次，隨即續念楞嚴咒、心經、然後唱摩訶般若波羅蜜多(Mahāprajñāpāramitā)三次（註一八〇），再念讚偈。其文如下：

「佛寶讚無窮　功成無量劫中（註一八一）　巍巍丈六紫金容（註一八二）　覺道雪山峰　眉際玉毫光燦爛　照開六道昏蒙（註一八三）　龍華三會願相逢（註一八四）　演說法真宗　天上天下無如佛　十方世界亦無比　世間所有我盡見一切無有如佛者

南無娑婆世界　三界導師　四生慈父　人天教主　三類化身　本師釋迦牟尼佛」（註一八五）

讚偈後開始繞念「南無本師釋迦牟尼佛」數百千聲，同時輪流拈香敬拜，以盆內水澆佛身（註一八六）。待每人完畢後，圍桌而立，然後念釋迦牟尼佛佛號行十二拜（如因時間關係可減至六拜或三拜）禮（註一八七），完畢後，僧侶相繼敬拜文殊師利、普賢、彌勒、十方菩薩摩訶薩，但均各三拜。然後念三皈依，三拜而退，至此，浴佛節浴佛儀式即結束（註一八八）。

一般而言，台灣慶祝佛祖誕辰儀式之程序，與一九三八年至一九五〇年間中國大陸大多數佛寺所行者相似，因在佛教朝暮課誦中之程序與內容，與印光於一九三八年頒行之靈巖山寺念誦儀規完全相同，唯一例外為贊偈之內容（註一八九）。由此，吾人可知淨土宗及以前中國大陸佛寺對台灣佛寺儀規之強烈影響，故陳榮捷稱：「數百年來之中國佛教可謂已被淨土宗所取代。」（註一九〇）。

註釋

註一：當佛教僧尼敬拜釋迦牟尼佛像時，係念誦「楞嚴咒」(Sūraṅgama Mantra)並行十二拜，但當敬拜阿彌陀佛時，則念誦「往生咒」並行三拜。見中國佛教會編《佛教朝暮課誦》（台北，一九七三），第七五、七六、八一、八二頁。

註二：在大殿及坐禪房之儀式各不相同，詳情見本節「特殊儀式」部份。另參考靈巖山寺編《靈巖山寺念誦儀規》（台北，一九七三），第一二七－一四〇頁。

註三：據其編印說明稱，此書「乃根據江蘇常州天寧寺禪門日誦、蘇州靈巖山寺早暮課誦、台灣佛教課誦，合編而成。」見《佛教朝暮課誦》（本節，註一），第一二三、一二四頁。但經作者查核後，發覺其內容多取自《靈巖山寺念誦儀規》。

註四：淨土宗之主要佛經為：無量壽經(*Sukhāvatīvyūha Sūtra*)、《觀無量壽經》(*Aparimitāyuḥ Sūtra*)與《阿彌陀經》(*Amitābhayūha Sūtra*)。其主要之目的在「念佛往生」，要言之，即藉念誦「南無阿彌陀佛」

（一心歸依阿彌陀佛）而登西方極樂世界。見戰德克著（第三章第二節，註六六），第一九頁。阿彌陀佛即梵文之 Amitābha，意「無量光」，另亦稱 Amitāyus，意「無量壽」，其國為西方淨土。此宗相信實踐教義及念誦阿彌陀佛名號即可至西方樂土。詳情見 Kenneth K. S. Chén 著（第三章第二節，註八八），第十五、十六、三三八、三三九頁。及 Holmes Welch, *The practice of Chinese Buddhism* (Harvard Univ.,1973), pp. 89-90. Alexander C. Soper, *Literary Evidenece for Early Buddhist Art in China* (Switzerland, n. d.), pp. 141-150。

註五：威爾治(Holmes Welch)之書目中稱為《靈巖念誦儀規》。見威爾治著（第三章第二節，註二七），第五二九頁。其正確名稱應為《靈巖山寺念誦儀規》。

註六：見田博元著《廬山慧遠學述》（台北，一九七四），第七三、七四、一五三、一五四頁。湯用彤亦稱中國佛教儀規係由道安正式建立。見湯用彤著（第三章第二節，註二），第一五四頁。

註七：「禪淨雙修」之流行可由威爾治(Holmes Welch)之敘述得知，他說：「大多數的中國僧侶都認為佛教各宗之教義是正確的，其修行亦切實效……屬於禪宗的僧侶也許會學習天台宗教義並用淨土宗念誦。」威爾治著（第二章，註一九），第一九四頁。但本作者認為「禪淨雙修」之在今日台灣流行，主要是受太虛法師及其門人所倡導的佛教改革的影響。太虛法師之門人曾說：「在一九一二年革命前佛教不斷地走向下坡，其主因是缺乏傳法及講經才能的人，此種原因之形成主要係受不立文字禪宗之影響，故甚多佛教徒根本不明釋迦牟尼說法之內容，非佛教徒亦因見佛教徒不明教義而輕視之。為了改變此種情勢，高僧們開始注意僧侶的訓練。」威爾治著（第二章，註一九），第二五七頁。對太虛甚為贊譽的釋曉雲曾說，蓮華學佛園之目的是「禪淨雙修」。見釋曉雲著（第三章第二章，註四六），第二一九頁。一九七五年，本作者曾訪問台北地區三所著名佛寺：圓通寺、慈雲寺、及臨濟寺。前兩佛寺屬於曹洞宗，後一佛寺屬於臨濟宗；但均敬拜釋迦牟尼、阿彌陀佛及觀音等，且其裝飾佈置與一般淨土宗佛寺完全相同，故威爾治說：「我們不應對禪僧念誦淨土宗經文及呼佛號之事感到驚奇。禪淨雙修為多數中國佛寺所採取。」威爾治著（第二章，註一九），第七一頁。此種現象可在以前大陸南京之毗盧寺見之。威爾治書中有一取自毗盧寺之照片，許多僧侶正用鼓、木魚、磬等在佛像前作法事，但在大磬上卻有「毗盧禪寺」四字，此為禪寺依淨土宗儀式之實例。見威爾治著（第三章第二節，註二七），圖片二。Kenneth Chén稱：「明朝淨土宗之祖宏大師為極力主張禪淨合一之人……雍正帝亦對使此兩宗合一的運動甚感興趣。」Kenneth K. S. Chén著（第三章第二節，註八八），第四五一頁。由上觀之，此兩宗之融合似費事甚久，因禪宗四祖道信禪師即已倡導於坐禪時呼阿彌陀佛號。見釋曉雲作「禪宗與園林思想」《佛教文化學報》第三期（一九七六），第一一—廿五頁。

註　八：相同之記載可見於《祐錄》卷十五。Kennth K. S. Chén 取材自湯用彤之佛教史稱：道安編「自漢朝至三七四年之佛經成目錄，稱為《綜理諸經目錄》，簡稱《安錄》。」Kenneth K. S. Chén 著（第三章第二節，註八八），第九七、九八頁。《安錄》之正式名稱應為《經錄》，見《高僧傳》道安條。

註　九：相同記載見祐錄卷七。著者為梁朝之僧佑，事蹟見《高僧傳》。

註一〇：見田博元著（本節，註六），第七二頁。

註一一：同前註，第七三頁。

註一二：見威爾治(Holmes Welch)著（第二章，註一九），第一九五頁。威爾治雖僅稱印光，但其正式全名應為釋印光，一九三八年為《靈巖山寺念誦儀規》作序時即以釋印光為名。

註一三：據湯用彤解釋，古代僧人領眾讀經時係坐於高椅上。見湯用彤著（第三章第二節，註二），第一五五頁。

註一四：Kenneth K. S. Chén稱布薩(Uposatha)為兩星期一次之儀式。見Kenneth K. S. Chén著（第三章第二節，註八八）第九九頁。實際上，布薩係每月十五日及卅日舉行，此一儀式主要目的在召集僧侶讀經並淨潔身、心及行為。見丁福保著（第三章第二節，註八），第八六〇頁。又見《智度論》卷十三。

註一五：據湯用彤研究，當道安在湖北襄陽時創立佛教儀規，同時亦稱道安居襄陽共十五年（三六五—三七九年）。見湯用彤著（第三章第二節，註二），第一四二、一四五、一五四頁。但舒伯(Alexander C. Soper)稱：「在三五二年道安與其四百門徒移居襄陽。舒伯著（本節，註四），第十五頁。據湯用彤及田博元之研究，公元三五四年道安在衡陽立寺，一直至公元三六五年方移居襄陽。見湯用彤著（第三章第二節，註二），第一四二頁。及田博元著（本節，註六），第六八頁。

註一六：據Kenneth K. S. Chén稱：「當道安在襄陽時……據說其門人共約三百人，在一個地方聚集如此多之人數而無儀規戒條至為不便……面對此問題，道安即創立儀規。」見Kenneth K. S. Chén著（第三章第二節，註八八），第九九頁。但據湯用彤稱，因晉朝時之僧侶甚多極為腐化糜爛，部份且干涉政治；因缺乏儀規致使法顯赴印度求取戒律。見湯用彤著（第三章第二節，註二），第一五四、二五四頁。

註一七：同前註，湯用彤，第一五七頁。

註一八：《牟子理惑論》係由後漢牟子（約生於第二世紀）所撰，全文被收於六世紀時僧佑所編之《弘明集》內。

註一九：詳情見《後漢書》「楚王英傳」。

註二〇：見Kenneth K. S. Chén著（第三章第二節，註八八），第四五五頁。

註二一：見湯用彤著（第三章第二節，註二），第一五四、二五四頁。

註二二：康茲(Edward Conze)稱：「約在公元三五〇年，慧遠創立淨土宗。」康茲(Edward Conze)著（第三章第二節，註二），第二〇五頁。舒伯(Soper)稱：Sakaino 認為淨土宗係創立於四〇八年。但舒伯本人則認為係在三九〇年。見舒伯(Alexander C. Soper)著（本節，註四），第三三頁。萊特(Wright)甚至未提日期。見萊特(Arthur F. Wright)著（第二章，註一九），第四五頁。但湯用彤與田博元均稱攝提格係公元四〇二年或東晉元興元年。見湯用彤著（第三章第二節，註二），第二六五頁；及田博元著（本節，註六），第三一頁。

註二三：同前註，湯用彤，第二六七頁；及田博元，第一二〇頁。據稱，約在公元前一五〇年至二〇〇年間，《無量壽經》(Sukhāvatīvyūha Sūtra)已問世，但在印度並無宗派與淨土思想有關。見前註，田博元，第一一八、一一九頁。本作者以為敬拜阿彌陀佛可能始於第三世紀末康僧會(Saṅghavarman)翻譯《無量壽經》之後，因黃懺華稱康僧會由印來華之日期為二四七年。見黃懺華著（第三章第二節，註三二），第一七頁，康僧會之譯本為《無量壽經》之最早者。見丁福保著（第三章第二節，註八），第二一七七頁。故極可能係康僧會將《無量壽經》攜來中土。

註二四：萊特(Arthur F. Wright)著（第二章，註一九），第四九頁。彼稱慧遠「聞一名僧講般若經。」（第四六頁）此名僧當為道安。

註二五：Kenneth K. S. Chén 稱：「中國最早之淨土信徒可能為闕公則（約在公元二六五或二七四年），及其門人魏士度與魏之妻子，均住於洛陽。」Kenneth K. S.Chén 著（第三章第二節，註八八），第三四二、三四三頁。如吾人比較康僧會抵華之日期與闕公則之日期，則西方淨土之思想在公元三世紀末以前必尚未傳入中土也。

註二六：見田博元著（本節，註六），第一一九頁。

註二七：見湯用彤著（第三章第二節，註二），第二五〇頁；及《高僧傳》慧遠傳。

註二八：僧佑約於五一八年完成出《三藏記集》。

註二九：見《高僧傳》道安傳。當道安為朱序所困時，道安遣散其門人並各加訓誨，唯慧遠未及，慧遠跪求道安訓戒，道安曰：「吾不憂汝。」據湯用彤稱般若為道安之中心思想。見湯用彤著（第三章第二節，註二），第一六七頁。

註三〇：《高僧傳》慧遠傳及《出三藏記集》卷十。

註三一：見湯用彤著（第三章第二節，註二），第一五一、一五七、一六五頁。湯氏稱自漢至晉佛教兩大主流為禪定及般若，而道安合兩者為一。

註三二：慧遠於三五四年遇道安，自三七八年離道安後，兩者即無機會再相見。見湯用彤著（第三章第二節，註二），第二五一頁。

註三三：見田博元著（本節，註六），第七二、七三、一四五頁。

註三四：同前註。

註三五：見《高僧傳》慧遠傳。

註三六：見湯用彤著（第三章第二節，註二），第一五五、一五六頁。

註三七：見瑞成書局編《佛門必備課誦本》（台北，一九五四），第三、四頁。玉琳事蹟見威爾治(Holmes Welch)著 *The Practice of Chinese Buddism* (Harvard University, 1973), p. 473.

註三八：玉琳於《佛門必備課誦本》「早課論貫」中稱：整衣後即念佛頂楞嚴心咒，治五欲於未萌，速期心精通溜。又於「暮課論貫」中稱：「早以心精通溜為要，暮則直取淨土為宗……故於暮時，首念彌陀經。」其內容與程序與淨土宗之《靈巖山寺念誦儀規》相同。見《佛門必備課誦本》（本節，註三七），第七—九頁。總言之，中國禪宗之儀規與淨土宗者相似。

註三九：同前註，第三頁。玉琳稱：「自漢至唐，前後諸師別開八宗二行，而晉遠公，闢蓮宗於廬山，儒道咸歸，嗣後解脫之士，多於他宗，斯為禮誦不易之軌。」

註四〇：田博元稱：「唐善導大師……定一宗所用行儀，淨土宗遂燦然大盛於世。」見田博元著（本節，註六），第一五三頁。據稱善導之師道綽弘揚淨土，山西地區七歲以上者均可念彌陀佛號。見野上俊靜著，釋聖嚴譯（第二章，註一九），第七八頁。

註四一：見黃懺華著（第三章第二節，註三），第三九頁。

註四二：清朝龍潭禪室比丘乾陀於重刊《清規證義記》序中稱：「清規一書相傳為懷海百丈禪師取梁僧法雲奉勅所撰，而重加參訂者也。」見百丈著《百丈叢林清規證義記》（台北，一九七四），第五頁。

註四三：見野上俊靜著、釋聖嚴譯（第二章，註一九），第七八－七九頁。Kenneth K. S.Chén 僅提及善導之《觀無量壽經疏》，彼稱：「善導之重要著作係觀經疏(*Commentary to The Sūtra on Concentration*)……他說下列五種步驟可導至登臨西方極樂世界：㈠念誦佛號；念誦佛經；頁。坐禪；㈣拜佛像；㈤讚頌佛。」Kenneth K. S. Chén 著（第三章第二節，註八八），第三四六頁。彼譯《觀經疏》為 *Commentary to the Sūtra on Concentration* 或《論意志集中經》並不正確，因中國簡稱《觀無量壽經》(*Aparimitāyuh Sutra*)為《觀經》，故《觀經疏》之英文譯名應為 *Commentary to Aparimitāyuh Sūtra*。可參考丁福保著（第三章第二節，註八）第二九八九頁。

註四四：查核《百丈叢林清規證義記》後，發現甚多儀規與《靈巖山寺念誦儀規》相同，如敬拜阿彌陀佛、釋迦牟尼、慧遠之儀規等。印光曾說：今日佛寺早課之儀規係源自慧遠。見黃智海著《朝暮課誦》（香港，出版日期不詳），第一頁。

註四五：《佛教朝暮課誦》（本節，註一），第一二四頁。

註四六：見本節註三：。為《靈巖山寺念誦儀規》及《佛教朝暮課誦》之早課均有十項，且內容亦同；晚課之項目亦均有十三項，內容亦同。《佛教朝暮課誦》顯係依前者而來。見《佛教朝暮課誦》（本節，註一），第一頁；及《靈巖山寺念誦儀規》（本節，註一），第五、六頁。

註四七：威爾治(Holmes Welch)著（第三章第二節，註二七），第四七四頁。

註四八：朝暮課誦禮佛儀規請閱附錄二。相同資料見於《佛門必備課誦本》與《靈巖山寺念誦儀規》。

註四九：威爾治(Holmes Welch)著（第三章第二節，註二七），第五六頁。

註五〇：見《佛教朝暮課誦》（本節，註一），第二頁；《佛門必備課誦本》（本節，註三七），第二頁；及《靈巖山寺念誦儀規》（本節，註二），第八頁。

註五一：法中王即釋迦牟尼。見《蓮華經》「藥王品」。

註五二：見本節註五。

註五三：見《佛教朝暮課誦》（本節，註一），第三頁；《佛門必備課誦本》（本節，註三七），第三頁；及《靈巖山寺念誦儀規》（本節，註二），第九頁。

註五四：威爾治(Holmes Welch)著（第三章第二節，註二七），第五六頁。楞嚴咒僅為其中一例，其他如大悲咒等均為音譯。

註五五：同前註。

註五六：見《佛教朝暮課誦》（本節，註一），第三、四頁；《佛門必備課誦本》（本節，註三七），第三、四頁；及《靈巖山寺念誦儀規》（本節，註二），第九－一一頁。

註五七：波羅密多係來自中印度，於神龍元年（公元七〇五年）抵達廣州。又見蘇爾慈(Soothill)與郝德士(Hodous)著 *A Dictionary of Chinese Buddhist Terms* Kaohsiung, 1971), p. 403.

註五八：見丁福保著（第三章第二節，註八），第二四〇四頁。據《智度論》卷四七，如能於一小時內念此咒一百零八遍，則有奇效。

註五九：見黃智海著（本節，註四四），第二頁。
註六〇：《智度論》卷四七。
註六一：《楞嚴經》卷七曾提及。彼係在胎藏界中，並有一百零八手臂，能治一百零八煩惱。見丁福保著（第三章第二節，註八），第一三二一頁。此讚與《楞嚴經》有密切關係，其中四句均係取自《楞嚴經》，此四句為：「令我早登無上覺，於十方界坐道場。舜若多性可銷亡，爍迦羅心無動轉。」
註六二：見本節註五六。
註六三：見《佛教朝暮課誦》（本節，註一），第一七－一九頁。
註六四：見黃智海著（本節，註四四），第四〇頁。
註六五：《千手經》一卷。據《涅槃經》(*Nirvāna Sūtra*)卷十一稱：「三世諸世尊。大悲為根本。……若無大悲者是則不名佛。」
註六六：見《佛教朝暮課誦》（本節，註一），第一九－二二頁；《佛門必備課誦本》（本節，註三七），第三四－四〇頁。
註六七：咒語為音譯，故現已鮮為人知，即印光校正之《朝暮課》誦中，亦未提及咒語之意義。見黃智海著（本節，註四四），第八頁。
註六八：見丁福保著（第三章第二節，註八），第一〇九六頁。
註六九：同前註，據丁福保曰：當觀音將右手放於頰上稱為思惟手。《大日經疏》卷十六亦稱此種姿勢為菩薩之思惟手。又據《如意輪菩薩瑜珈經》(*Cintāmanicakra Sūtra*)之記載，此種手勢意味思念眾生。故雪曼李(Sherman Lee)與孟士德堡(Hugo Munsterberg)所言日本聞名之彌勒佛(Miroku)之手勢係表示坐禪顯然有誤。見 Sherman Lee, *A History of Far Eastern Art.* (N. Y., n. d.), p. 153. Hugo Munsterberg, *The Art of Japan* (Tokyo, 1972), p. 28.

註七〇：見丁福保著（第三章第二節，註八），第一〇九六頁。

註七一：本咒之一般意義見《佛門必備課誦本》（本章，註三七），第八頁。在密宗之特殊意義則見丁福保著（第三章第二節，註八），第一〇九七頁。

註七二：見《佛教朝暮課誦本》（本節，註三七），第十九頁。咒文見附錄三。

註七三：見《佛門必備課誦本》（本節，註三七），第八頁。

註七四：見《佛教朝暮課誦》（本節，註一），第二〇頁。

註七五：同前註。

註七六：蘇爾慈(Soothill)等著（本節，註五七），第四〇五頁。

註七七：見丁福保著（第三章第二節，註八），第二三〇五頁。

註七八：見《靈巖山寺念誦儀規》（本節，註二），第八頁。

註七九：見《佛教朝暮課誦》（本節，註一），第二〇、二一頁。

註八〇：見《靈巖山寺念誦儀規》（本節，註一），第八頁。

註八一：見《佛教朝暮課誦》（本節，註一），第八一頁。

註八二：據慈雲寺住持口述。

註八三：見《佛教朝暮課誦》（本節，註一），第二一、二二頁。

註八四：見本節，註八二。

註八五：見《佛教朝暮課誦》（本節，註一），第二二頁。

註八六：見《長阿含經》(*Dirghāgama*)卷一及《增一阿含經》(*Ekottarāgama*)卷四四。詳情見舒伯(Alexander Soper)著（本節，註四），第一九八、一九九頁。

註八七：見《增一阿含經》卷四四。七佛之教如下：

「毘婆尸佛……忍辱。……尸棄如來……若眼見非邪。慧者護不著。尸捐於眾惡。在世為黠慧。……毘舍婆如來……不害亦不非。奉行於大戒。於食知止足。床座亦復然。執志為專一。是則諸佛教。……拘樓孫……不誹謗於人。亦不觀是非。但自觀身行。端觀正不正。……拘那舍……執志莫轉戲。當學尊寂道。賢者無愁憂。常滅去所念。……迦葉佛……一切惡莫作。當奉行其善。自淨其志意。是則諸佛教。……釋迦佛……護口意法淨。自行亦清淨。淨此三行跡。修行他人道。」

註八八：見《佛門必備課誦本》（本節，註二），第八頁。

註八九：Kenneth K. S. Ch'en 著（第三章第二節，註八八），第三三九頁。

註九〇：見《阿彌陀經》一卷。

註九一：見《佛教朝暮課誦》（本節，註一）第二二頁。

註九二：《涅槃經》卷十二。

註九三：《陀羅尼經》(*Dhār anipitaka*)卷十。

註九四：見《佛教朝暮課誦》（本節，註一），第二二頁。
註九五：見本節，註八二。
註九六：見丁福保著（第三章第二節，註八），第七〇八頁。
註九七：《佛教朝暮課誦》（本節，註一），第二四－二六頁。
註九八：伽藍神為佛寺之守護者。見威爾治(Holmes Welch)著（第三章第二節，註二七），第七一、四七六頁。
註九九：《佛教朝暮課誦》僅提及僧侶須念誦南無阿彌陀佛數百至一千次。見《佛教朝暮課誦》（本節，註一），第二六頁。《靈巖山寺念誦儀規》稱：如能念誦逾一千次更佳。見《靈巖山寺念誦儀規》（本節，註二），第四四頁。
註一〇〇：僧侶須念南無觀世音菩薩名號三次，然後念南無大勢至菩薩及南無清淨大海眾菩薩各三次。觀音位於阿彌陀佛之左，大勢至位於阿彌陀佛之右。
註一〇一：見《佛教朝暮課誦》（本節，註一），第二六頁。
註一〇二：如佛常往世間，則得救獲益者必多。
註一〇三：據印光之解釋，此願表示學佛之決心，行菩薩願及成佛。見黃智海著（本節，註四四），第一一五頁。
註一〇四：見《佛教朝暮課誦》（本節，註一），第二七、二八頁。
註一〇五：同前註。
註一〇六：現作者所訪之數位僧侶均作如是解釋。

註一〇七：見《佛教朝暮課誦》（本節，註一）第二八、二九頁。

註一〇八：見威爾治(Holmes Welch)著（第三章第二節，註二七），第四九頁。

註一〇九：當現作者於一九七五年訪佛光山時，曾見佛光山僧侶在田上工作或修舖道路，彼一面工作，一面歌唱。陽明山永明寺之尼姑亦做同樣之工作。

註一一〇：見威爾治(Holmes Welch)著（第二章，註一九），第一二一頁。中國佛教史上提倡自食其力者以百丈為最著名；彼每日必工作，當部份門徒勸阻時，百丈曰：「我無德以勞人。」眾阻之，遂不食。故有一日不作，一日不食之語。此「不作不食」之名言影響後代佛教僧侶甚巨。見《百丈叢林清規證義紀》（本節，註四二），凡例。

註一一一：見《佛教朝暮課誦》（本節，註一），第三三頁。

註一一二：朝課時往生咒僅念誦一遍，暮課時則念三遍。

註一一三：見《佛教朝暮課誦》（本節，註一），第五四－五八頁。

註一一四：《佛祖統記》卷十一。

註一一五：據《智度論》卷四四曰：「菩提秦言無上智慧。」故得菩提即指成佛或悟也。印光住靈巖山寺時，以念佛聞名佛教界。見威爾治(Holmes Welch)著（第三章第二節，註二七），第九一頁。印光係於一九三八年批准《靈巖山寺念誦儀規》問世。

註一一六：《觀無量壽經》曰：「具足十念稱南無阿彌陀佛。」按儀規，當念誦阿彌陀佛名號時須面向西方，行三拜，然後念誦阿彌陀佛名號，完畢後亦須三拜。見戰德克著（第三章第二節，註六六），第三六頁。

註一一七：據印光之解釋，當淨土宗信徒臨死前，一朵金蓮花即出現面前。見黃智海著（本節，註四四），第八一頁。戰德克稱：此一蓮花係由觀音、大勢至及其他菩薩所陪伴之阿彌陀佛手持。見戰德克著（第三章第二節，註六六），第四一頁。但據《觀無量壽經》曰：「行者命欲終時，阿彌陀佛與諸眷屬持金蓮華，化作五百化佛來迎此人。」《佛教朗暮課誦》、《佛門必備課誦》本及《靈巖山寺念誦儀規》均稱阿彌陀佛及諸菩薩均手執金蓮花來迎。見《佛教朝暮課誦》（本節，註一），第五八頁；《佛門必備課誦本》（本節，註三七），第六七頁；《靈巖山寺念誦儀規》（本節，註二），第九〇頁。

註一一八：淨土宗信徒死後，靈魂即附於金蓮花上，由阿彌陀佛及諸菩薩攜至西方淨土，待蓮花開後，死者即告重生，至何時開花則看死者之功德品行而定，佳者早開，次者則較久。見戰德克著（第三章第二節，註六六），第三六頁。

註一一九：《佛教朝暮課誦》（本節，註一），第五九頁。

註一二〇：見本節註一、註二。

註一二一：見《佛教朝暮課誦》（本節，註一），第五九頁。

註一二二：玉琳於早課論貫文中稱：「……故於晨早萬境未動之際，心猶恬靜，整衣即起，念佛頂楞嚴心咒，窒五欲於未萌，速期心精通溜……。」又於暮課論貫中曰：「……若非精心陰發豈易除障驅魔，故於靜寂心情之時，咒則易靈，若於暮時，應總攝眾善，歸趣淨土，可謂造功於始，歸德於終……。」見《佛門必備課誦本》（本節，註三七），第七－九頁。

註一二三：作者於台北時見永明寺及佛教文化研究所均舉行「佛七」及「禪七」，為集體坐禪，並非每日舉行，但個人均須於每日或睡前坐禪片刻。

註一二四：見威爾治(Holmes Welch)著（第三章第二節，註二七），第五三－七五、八九、一〇〇頁。

註一二五：見《佛門必備課誦本》（本節，註三七），第一九〇頁。《靈巖山寺念誦儀規》（本節，註二），第一〇四頁。

註一二六：見《百丈叢林清規證義記》（本節，註四二）卷八。

註一二七：兩者均可繼續一至四次，由佛寺本身決定。

註一二八：威爾治(Holmes Welch)著（第三章第二節，註二七），第七五頁。

註一二九：《百丈叢林清規證義記》（本節，註四二），卷八。

註一三〇：《靈巖山寺念誦儀規》稱：「每年精進佛七舉行之前，先加香，以為正式精進佛七之準備，其時期於十月十五日夜。」見本節，註二，第一八九－一九〇頁。《佛門必備課誦本》亦有相同之記載，見本節，註三七，第一二一頁。

註一三一：同前註。

註一三二：威爾治(Holmes Welch)稱：「九月十六日晚十時後額外之跑香與靜坐稱為加香。」見威爾治著（第三章第二節，註二七），第七五頁。但《靈巖山志》則提示極為清楚曰：「其時期於十月十五日夜布薩後開始……至十月十六日加香期滿。」見《靈巖山寺念誦儀規》（本節，註二），附《靈巖山志》卷六監香須知條。佛七之準備工作無需費時一月。

註一三三：《靈巖山寺念誦儀規》（本節，註二），第一八九、一九〇頁。《佛門必備課誦本》（本節，註三七），第一二二頁。

註一三四：義淨著《南海寄歸內法傳》卷四。

註一三五：《百丈叢林清規證義記》（本節，註四二），卷六。

註一三六：香板係「佛七」或「禪七」時使用，因舉行儀式時其時間係據所燒之香計算，故稱香板。威爾治(Holmes Welch)稱：「鐘下之香板為禪之象徵。」見威爾治著（第三章第二節，註二七），第九二頁。事實上，香板亦為淨土宗佛寺使用，如靈巖山寺及台灣佛寺等。見本節，註一三二，《靈巖山志》及《佛門必備課誦本》（本節，註三七），第一二二頁。

註一三七：見本節，註一三二，《靈巖山志》卷六監香須知條。香板亦可用幡代替，並非僅禪寺用香板而淨土宗佛寺使用幡。《百丈叢林清規證記義稱》，佛七舉行時幡亦使用。見《百丈叢林清規證義記》（本節，註四二），卷七。

註一三八：如永明寺及佛教文化研究所之坐禪處有釋迦牟尼佛像，但基隆月眉山靈泉寺之禪堂則無佛像。台南開元寺之禪堂則有達摩像，多置於堂之中央。

註一三九：見本節註一三二，《靈巖山志》。監香須於歸位及開靜時各走圈子二次。

註一四〇：見《佛教朝暮課誦》（本節，註一），第一〇〇頁；佛門必備課誦本（本節，註三七），第一九〇—一九四頁。

註一四一：見本節，註一三二，《靈巖山志》。

註一四二：見《靈巖山寺念誦儀規》（本節，註二），第一二〇頁；《佛門必備課誦本》（本節，註三七），第一九二頁。

註一四三：見《靈巖山寺念誦儀規》（本節，註二），第一二〇頁；《佛門必備課誦本》（本節，註三七），第一九〇頁。兩者均稱佛七之目的係藉念誦阿彌陀佛之名號達到「一心不亂」之目的。「一心不亂」係來自《阿彌陀經》，其文如下：「若有善男子善女人，聞說阿彌陀佛，執持名號，若一日，若二日，若三日，若四日，若五日，若六日，若七日，一心不亂，其人臨命終時，阿彌陀佛與諸聖眾，現在其前，是人終時，心不顛倒，即得往生阿彌陀佛極樂國土。」雪曼李稱：「如欲往生極樂誠心，僅需敬拜阿彌陀佛即可。」見雪曼李(Sherman Lee)著（本節，註六九），第一六三頁。康茲亦言：淨土宗「教導一種容易之重生方法。」見康茲(Edward Conze)著（第三章第二節，註二），第二〇五頁。事實上，並不如一般人想像之簡單，因「一心不亂」即非易事。

註一四四：如坐禪者被香板推過兩次者，須下位拜跪。見本節，註一三二，《靈巖山志》。

註一四五：蘇爾慈(Soothill)與郝德士(Hodus)著（本節，註五七），第二〇五頁。

註一四六：往生咒係唐朝善導所撰。

註一四七：丁福保著（第三章第二節，註八）第九九五頁。

註一四八：見第三章第二節，註一〇七。

註一四九：《靈巖山寺念誦儀規》（本節，註二），第一二〇頁。

註一五〇：威爾治(Holmes Welch)稱：「彼等皆離坐並迴向。」見威爾治著（第三章第二節，註二七），第九七頁。但據《佛門必備課誦本》（本節，註三七），第一二〇頁。及《佛教朝暮課誦》（本節，註一），第一〇〇頁。除第六枝香外，僧侶於迴向後方離座下位。

註一五一：見《佛教朝暮課誦》（本節，註一），第一〇〇頁；《佛門必備課誦本》（本節，註三七），第一九〇－一九四頁。

註一五二：見《靈巖山寺念誦儀規》（本節，註二），第一一七－一一九頁；《佛門必備課誦本》（本節，註三七），第一三八－一四〇頁。

註一五三：同前註。

註一五四：《百丈叢林清規證義記》（本節，註四二），卷七。

註一五五：康茲(Edward Conze)稱：「中國之禪即梵文 Dhyāna，意指禪定。」見康茲著（第三章第二節，註二），第二〇一頁。其實，中國之禪與印度之禪那(Dhyāna)有異，雖中國之「禪」字係由印度之禪那一字而來。印度之禪係六度波羅蜜(six pāramitās)中之禪定，但中國之禪卻意味六度波羅蜜中之般若(prajñā)，故中國之禪亦可稱為「般若禪」(prajñā ch'an)。印度之禪定係傳自釋迦牟尼，中國之禪則傳自菩提達摩，亦稱「祖師禪」。見釋曉雲作「祖師禪」《中國佛教文化學報》第二期（一九七三），第四五頁。

註一五六：禪宗大師虛雲和尚解：「打七就是為的開悟，為的求智慧。……宗門下這一禪，謂之無上禪……故這禪堂又名選佛場，亦名般若祖。」見虛雲著《禪七開示錄》（高雄，一九六六），第五頁。

註一五七：參加中國佛教文化研究所一九七三年「禪七」之人士有僧侶及俗人，名僧續祥法師應邀對參加者開示。見 Ed. Institute for the Study of Buddhist Culture, "Ch'an Meditation at prajñā Hall," *The pure Moon*, VII(1973), 39.據禪七開示錄，虛雲曾於上海玉佛寺十四天之「禪七」中開示。見虛雲（本節，註一五六），第一－一五六頁。

註一五八：見《百丈叢林清規證義記》（本節，註四二），卷七。

註一五九：釋曉雲係屬天台宗，但亦精研淨土宗及禪宗理論。永明寺及佛教文化研究所曾先後舉辦「佛七」及「禪七」數次。今日台灣佛教中已無宗派門戶之見。

註一六〇：見虛雲著（本節，註一五六），第三七、三八頁。阿若憍陳如尊者為世尊諸大弟子中第一個出家及悟道者，故名聖僧，又名僧首。

註一六一：如開元寺之禪堂中央有達摩像，基隆靈泉寺禪堂中則無佛像，此點顯示台灣佛寺在某些方面並無一定之規定或限制。

註一六二：甚多台灣佛寺面積窄小，並無禪堂之設置。基隆月眉山靈泉寺之禪堂甚小，堂內亦無佛像，其無佛像之原因亦可能係因面積關係。

註一六三：見林衡道作「台灣的古剎名山」《台灣文獻》第四期（一九六四），第二三八頁。

註一六四：見《佛教朝暮課誦》（本節，註一）第七六頁；《百丈叢林清規證義記》（本節，註四二），卷三。

註一六五：台灣浴佛節之活動為全省電視台及報紙所報導。

註一六六：見《佛教朝暮課誦》（本節，註一），第七四頁；《佛門必備課誦本》（本節，註三七），第一四一頁；與《中央日報》海外版，（一九七七年四月八日）第三版。

註一六七：見康茲(Edward Conze)著（第三章第二節，註二），第三四頁；Kenneth K. S. Chén 著（第三章第二節，註八八），第三頁。

註一六八：佛祖生於公元前一〇七五年，見《百丈叢林清規證義記》（本節，註四二），卷三。但公元前五四四年已為目前佛教徒所公認，見《佛光山》（第二章，註二八），第一頁。

註一六九：詳情見第三章第二節，註八八。

註一七〇：見舒伯(Alexander Soper)著（第三章第三節，註四），第一九四頁。彼稱佛派儀式可追溯至印度之毛里王朝(Mauryan)時代。

註一七一：見《魏書》釋老志，帝為魏太武帝。

註一七二：遊行多於浴佛後舉行，多見於小城或鄉鎮。

註一七三：《百丈叢林清規證義記》（本節，註四二），卷三。

註一七四：同前註。佛教文化研究所曾舉行浴佛儀式，除鮮花外，尚有蠟燭。

註一七五：同前註，亦見於《佛教朝暮課誦》（本節，註一），第一一五、一一六頁。前者稱：浴佛後，僧侶多將盆內香水傾於頭上，亦稱「吉祥水」。唐朝義淨在印度時，亦見梵僧以盆水澆頭。見贊寧著《僧史略》卷一。

註一七六：《大日經疏》卷八。

註一七七：《百丈叢林清規證義記》（本節，註四二），卷三。

註一七八：元照《資持記》稱，焚香可使信徒與佛交通。

註一七九：見《佛教朝暮課誦》（本節，註一），第七四、七五頁；《佛門必備課誦本》（本節，註三七），第一四一、一四二頁。

註一八〇：同前註。《大日經疏》卷十八稱：大般若即無上智慧，波羅密多意即至彼岸。故無上智慧為至彼岸之要件也。

註一八一：此句指釋迦牟尼已無執著，故永遠為一成功者。

註一八二：據《十二遊經》(*Dvādaśaviharana sūtra*)卷一稱，佛身長丈六……阿難身長丈五三。《觀無量壽經》一卷稱，阿彌陀佛有神力……其身能充滿法界，身長丈六，身體為純金色。在佛教中，不僅諸佛身係金色，即多數菩薩身亦為金色。

註一八三：六道來自《蓮華經》序品，此六道為：地獄、餓鬼、畜生、阿修羅、人間、天上。眾生輪迴時均投入此六道，至究投何界則因本身之行為、功德而定。

註一八四：《增一阿含經》(*Ekottarāga ma*)卷四四則稱，自彌勒佛悟道後，曾三度講道，甚多人於聆聽後成阿羅漢，其講道處係在龍華樹下。彌勒佛雖為未來佛，但彼卻於甚早前出世、成佛及講道。

註一八五：見《佛教朝暮課誦》（本節，註一），第七五、七六頁。

註一八六：同前註。亦見《百丈叢林清規證義記》（本節，註四二），卷三。

註一八七：同前註。

註一八八：見《佛教朝暮課誦》（本節，註一），第七六、七七頁。

註一八九：在一九三〇年代至一九四〇年代，靈巖山寺為中國淨土宗之中心。詳情見威爾治(Holmes Welch)著（第三章第二節，註二七），第九〇、九一頁。文內事實亦證明佛教儀規係可變通者。

註一九〇：見陳榮捷著（第三章第二節，註二七），第六三頁。

第四章　台灣之佛寺

第一節　龍山寺

歷史

台北市之龍山寺不僅為台灣最著名佛寺之一，同時亦為台北市寺廟中最古老者（註一）。據稱，在雍正期間（公元一七二三至一七三五年），一個由福建泉州來台之海員因事來台北，當經過現在龍山寺之地點時，急於出恭，故將其「香火」（註二）懸於竹林之竹枝上，解手後卻忘記攜回；路人於夜間路過時，見有火光閃閃，故前往觀之，得見所遺之香袋，在香袋上有「龍山寺觀音佛祖」七個字，信徒即將其香袋供拜之，因甚靈驗，故拜奉者日多。其後，此一地區之居民

（多來自福建泉州）捐資於一七三八年建造龍山寺，一七四〇年竣工（註三）。

台北市龍山寺之名稱係模倣當時泉州府晉江縣之龍山寺者，其模倣之原因為晉江縣龍山寺之觀音極為靈驗，當移民渡海來台時，多將龍山寺之「香火」攜來，以求保佑，故在台北建立佛寺時，即以其故鄉之龍山寺命名之（註四），由此可知，台灣佛寺之源起與發展與中國大陸人民及佛寺有極為密切之關係。

龍山寺建立後，共有四次大修，其日期及修建原因如下：

㈠一八一五年—為地震所毀，僅觀音像之底座尚存。

㈡一八六七年—屋頂及牆為颱風摧毀。

㈢一九二〇年—房屋柱樑為白蟻所蝕，全寺重新改建，現存之配置即係當時所設計者。一九二四年竣工。

㈣一九四五年—主殿為二次大戰時美軍轟炸機所炸毀，後於當年修復（註五）。龍山寺現在之墻基均為石造，但據其記錄所載，一九二〇年前均為木造。

與地方社會、政治及信仰之關係

清朝時期，台灣佛寺與高級官吏及知識份子均有極為密切之關係，但龍山寺卻為一例外，因建造之經費全係地方商賈及平民所捐獻（註六），如與由高級官吏或知識份子所協建之佛寺相較，龍山寺具有強烈之地方色彩。

龍山寺之第一特徵為其特殊之歷史背景。因龍山寺之支助者多為福建泉州之移民，自龍山寺建立後，逐漸成為當地人民，尤其是泉州移民之聚集所及活動中心（註七）。當時泉州移民中以開墾者及商人為多數（註八），故設立「泉州會所」於龍山寺，為乾隆期間（公元一七三六至一七九五年）台北最大之商人組織（註九）；但此一會所之活動範圍並非僅以商業為限，而擴展為泉州移民之自治團體（註一〇），遂使龍山寺逐漸成為台北民眾之活動中心（註一一）。清朝咸豐期間（公元一八五一至一八六一年）。台北地區泉州與漳州來台之移民經常發生械鬥，當時之龍山寺即為泉州人於械鬥前聚集之總部（註一二）。由上可知，當時之龍山寺具有宗教、社交中心及泉州移民總部等多種功能。由於龍山寺之存在及寺內觀音之靈驗，使龍山寺附近地區成為台北最繁榮地區之一，亦即有名之「艋舺」（註一三）；時至今日，龍山寺前仍為台北市及台灣最大攤販集中地之一。

龍山寺不但直接影響地方商業及發展，同時亦間接影響台北地區之繁榮，最明顯之例為當泉州人與福建同安人械鬥時，同安人戰敗，遂自艋舺退至「大稻埕」區定居並加以發展，至日據時代，大稻埕已成為台北市第二繁榮之商業區

（註一四）。

龍山寺之第二特徵為與地方政治之密切關係。因龍山寺為艋舺泉州移民自治團體之總部，龍山寺管理委員會之意見甚受政府重視；如法國人於一八八四年進攻基隆時，劉銘傳為台灣巡撫，計劃將首府自台北遷至台南，艋舺地方人士（大部份為泉州移民）獲悉此消息後，表示反對，於是聚集龍山寺商議，決意將意見書蓋上龍山寺大印，由管理委員會轉呈劉銘傳，意見書中表示反對放棄台北，並志願組成義勇軍協助政府抗法；彼等封鎖在艋舺通往南部之要道，以阻止政府軍隊南撤，同時亦派義軍自動赴淡水等地助戰，劉銘傳受上述各種因素之影響，決定收回成命，而法軍亦因而撤退。劉銘傳為感謝艋舺地方人士之貢獻，決定奏請光緒皇帝褒獎，獲「慈暉遠蔭」匾額一個（註一五）。

其後，劉銘傳欲建一橋樑自艋舺通往新莊，因橋樑須通過艋舺士紳黃川流住宅前之竹圍，遂私自草就陳情書，並偷蓋龍山寺大印，聲稱地方人士反對原來之造橋計劃，劉銘傳為尊重民意，即將原計劃更改，黃川流之竹圍得以保存（註一六）。上述之事實證明，龍山寺宛然為當時地方民意之代表者，其意見甚受政府之尊重。

台灣光復後，龍山寺曾先後為歡迎祖國籌備處、憲兵團、國文國語講習所及中醫診療所等所借用（註一七）。時至今日，龍山寺對政府之影響力雖已大不如昔，但龍山寺前之廣場仍被從事政治競選者作為發表政見之場所，同時，由市政府為地方民眾所舉辦之教育計劃及活動仍在龍山寺舉行（註一八）。而且，甚多龍山寺內之匾額係由政府高級官員所書贈，其中包括台灣省政府主席等（註一九），此亦可反映龍山寺在社會中之地位。

龍山寺之第三特徵為與台灣地方信仰之混合。龍山寺主殿所祀奉者雖為觀音，但在主殿後卻祀奉在宋朝（公元九六〇至一六二八年）時即已為福建人所祀奉之海神天上聖母（媽祖）（註二〇），其後，媽祖即為中國沿海人民所信奉，時至今日，信奉媽祖者以福建及台灣兩省人士佔大多數（註二一）。據稱龍山寺初建時原無媽祖像，後為泉州移民所增置（註二二），故龍山寺雖為一佛寺，但卻與地方信仰混合，並受地方人士強烈之影響。從另一方面而言，吾人可知某些地方居民並非真正完全信仰某一特定之宗教，或者真正了解其教義及此一宗教中之各種神佛名稱，如彼等需要某一神佛，或認為某一神佛對彼等有利，彼等即毫不猶疑供奉之，而不考慮是否適宜或此神佛是否屬於此一宗教。

元宵節

中國之元宵節係農曆元月十五日，為慶祝農曆新年各種活動之尾聲，部份今日台灣之著名佛寺均於元宵節舉行花燈及燈謎競賽（圖一），其中最負盛名者為台北之龍山寺（註二三）。

中國人之慶祝元宵節至唐朝（公元六一八至九〇五年）時達其高峰，尤以玄宗時期（公元七一三至七五六年）為最（註二四）。雖有人稱中國之元宵節係始於隋朝（註二五），但其始源日期可能較隋朝為早，且與佛教有密切之關係。據《僧史略》曰：「……西域十二月三十日是此方正月十五日，謂之大神變月，漢明勅令燒燈表佛法大明也。」又據《法滅盡經》云：「吾法滅時譬如油燈，臨欲滅時光明更盛，於是便滅，吾法滅時亦如燈滅。」（註二六）。此外，六度波羅蜜中之般若亦以燈火作為表徵（註二七）。一般言之，花燈之式樣甚繁，大小不一，多為紙、塑膠、人造纖維等製成（圖一），甚多涉及中國民間故事，如孫悟空及唐僧等（註二八）。

分靈

據《艋舺龍山寺全志》之記載，龍山寺有十處「分靈」（註二九）。一般而言，台灣及福建之寺廟（不限佛寺）除主殿之神像外，尚有甚多與主殿神像相同之小型神像存放寺廟內，如某人有病，可得寺廟之允許將其中之小型神像奉返家中祀拜，以求病癒。如信徒於寺廟中祈求，而所祈求之事應驗時，亦可至寺廟中將小神像奉返家中祀拜，以表感恩之意。但上述之小型神像於一定期間內均須送返原寺廟，唯一之例外為新寺廟初落成時，此一寺廟可請求著名寺廟將其與主殿神像相似之小型神像送至新寺廟祀拜，在此情形下，此一小型神像即無須送回原來之寺廟，故稱之為分靈，指神像靈魂已有分支之意（註三〇）。龍山寺最早之分靈係在嘉慶期間（公元一七九六至一八二〇年，）所有之分靈均座落台灣北部地區（註三一）。方豪稱：「……由龍山寺住持兼任該寺住持，是亦類似分靈也。」之說恐係有誤，因分靈並非指某一寺廟之分支，有龍山寺分靈之佛寺均係獨立者，與一個佛寺之分寺不同，且無宗主從屬關係（註三二），分靈越多則表示寺廟越受信徒歡迎。

建築

一般而言，在設計及構造上，大多數中國佛寺與傳說之中國宮殿、衙門、高級官員與人民住宅並無太大差別（註三三），此種現象形成之主因是從南北朝至清朝期間，佛教徒捐府宅為寺之風甚為盛行，甚多後期之佛寺均模倣或受前期此類佛寺建築之影響（註三四）。由實物觀之，漢朝即有「四合院」式設計出現，並繼續流行至清末（註三五）。所謂「四合院」式係將建築物立於四周，中央留一正方或長方之空地（圖二）；如事實需要，可在空地之中間建一房屋，山西省鎮國寺即為一例（圖三），故四合院即指一中間院子四周皆有建築物而言。龍山寺之配置圖（圖四）顯示深受中國傳統四合院式之影響，類似之配置可常見於台灣傳統式之古老住宅及鄉間民屋（註三六）。

《據艋舺龍山寺全志》之記載，當龍山寺於公元一九二〇年重建時，住持為來自福建泉州之福智和尚，建築師為由泉州請來之王益順（註三七）。一九二二年覺力繼福智為住持，彼於廿歲時即渡海至泉州學習佛法（註三八）。由上述事實推測，龍山寺之設計極可能深受福建佛寺之影響，如龍山寺正殿（觀音殿）前有一向外伸展之平台（圖四），如與原建於公元七世紀，重建於明代之福建泉州開元寺之正殿相較（註三九）（圖五），兩者均有一向外伸展之平台；此種設計似至少在唐代時即已流行，因一九六三年與一九七三年在中國大陸發掘之唐代青龍寺，亦有相似之設計（圖六）（註四〇）。

龍山寺之山門裝飾極為繁複，正脊及頂均向上彎曲（圖七）（註四一）；西廉(Osvald Siren)於提及中國建築之屋頂時稱：「皇宮之主要宮殿……重要寺廟與類似之建築，其屋頂均係微曲……但其垂脊及翼角並未向上翹起（圖八）……兩座在蘇州與杭州寺廟之屋頂，不但特別闊大與高度裝飾，其垂脊及翼角…向上翹起如突起之鼻或吸盤（圖九）、（圖一〇）。」（註四二）。西廉氏續稱：在福建泉州所見之屋頂「仍然是屋頂彎曲線更進一步的發展。」（註四三）。彼舉出泉州一座祖祠及孔廟，以說明泉州建築物的屋頂結構，並稱彎曲的屋頂線「並非僅見於翼角及垂脊，同時亦見於正脊上。」（註四四）。西廉氏將中國式屋頂結構分為兩類：北方式與南方式（註四五）；北京皇宮之太和殿等之屋頂為北方式，杭州及蘇州寺廟等之屋頂則屬於南方式（註四六）。

但筆者認為中國式之屋頂應可分為三大類：㈠北方式－正脊平直，簷角微曲但並未向上翹起；㈡中部式－正脊平直，簷角向上翹起如飛簷；㈢南方式－正脊彎曲，兩末端向上翹如燕尾，多數有上翹之垂脊及飛簷。以上分類係基於下述原因：㈠一般而言，中國可分兩大部份，即北方與南方，但嚴格言之，中國應可分為三大部份，即北方、中部與南方（註四七）；湖北、湖南、四川……與浙江及江蘇之大部份，屬於中部（註四八）。西廉氏所提之蘇州與杭州係分屬江蘇省與浙江省，應屬於中國中部地區。㈡中國中部式之屋頂，可見於其他中部地區之省分，如湖南醴陵縣之孔廟（圖一三），與安徽省九華山之月身寶殿等（註四九）。

(三)在福建泉州與台灣省所見向上彎曲之正脊，與在蘇州、杭州及其他中部地區所見之正脊不同，不能以中部式概括之，故應以南方式名之，以使之與北方式與中部式有別。南方式之屋頂不但流行於福建與台灣，同時亦流行於廣東與新加坡等地；福建蓬來之清水岩（圖一四）、廣州之光孝寺、與新加坡之海印寺（圖一五）等均為其例（註五〇）。

龍山寺山門頂面之翼角係飾以龍尾，據信可以防火。此種龍尾似在福建省、廣東省與南洋中國移民地區之建築物中甚為流行。類似之龍尾可見於廈門集美學校建築物之屋頂上（圖一六），與泉州之開元寺，以及越南堤岸之中國寺廟等處（圖一七）（註五一）。

龍山寺山門之正脊上有一火珠，左右各有一龍，據佛經之記述此一火珠稱為摩尼珠，亦為釋迦牟尼之舍利（註五二），但如安置於兩龍之間，此珠則為釋迦牟尼及佛教之代表物（註五三）；兩龍則具有兩種意義：一為代表雨神海龍王，一為代表釋迦牟尼及佛教之護衛者（註五四）。將如意珠置放於兩龍間之安置，於中國沿海各省，如台灣、廣東、浙江、江蘇等省甚為流行，甚至擴展至海外新加坡、越南等地之中國寺廟；浙江溫州之江心寺（圖一八）、新加坡之海印寺（圖一五）與福建泉州之開元寺等均為其例（註五五）。

在龍山寺觀音殿前兩邊各有一樓閣；右為鐘樓，左為鼓樓（圖四）。寺廟正殿前左右各置樓閣之配置，在清代必極為盛行，因一九五三年至一九五四年在中國山西省發掘之清代雙林寺，在正殿前左右兩側亦有鐘鼓樓各一（圖一九）（註五六）。雖然有研究資料宣稱鐘樓與鼓樓於元代方出現（註五七），但在正殿前左右兩側設置樓閣之設計，可能係自唐代佛寺蛻變而來；敦煌壁畫中有一唐代壁畫，其中佛寺前兩側均有樓閣（圖二〇），與龍山寺正殿前兩側沒有鐘、鼓樓之配置，甚為類似。

龍山寺觀音殿係由石材所建，並立於石台上（圖二一），使用石材之主因係預防颱風及白蟻之損害（註五八）。石台上四周有石欄杆圍繞，由漢代一些陶製房屋模型中，可知欄杆已被使用，自唐代至今，欄杆在佛教建築物中甚為流行。龍山寺觀音殿之石欄杆可分為五部份：石柱之頭部稱為「柱頭」；在上之橫欄稱為「尋杖」；下部之橫欄稱為「地伏」；界於上橫欄與下橫欄之直欄則稱為「欄板」（註五九）。觀音殿石欄杆之柱頭為圓形，代表如意珠，但甚多其他寺廟之柱頭卻式樣繁複，有獅子、蓮花及龍等。由台灣佛寺觀之，欄杆在佛寺中似甚為流行，因甚多於一九七〇年代建立之佛寺；如佛光山之觀音殿、台北之慈雲寺、台南之彌陀寺等，均在正殿四周圍以欄杆。龍山寺觀音殿前之石雕盤龍柱，在中國之寺廟中極為流行，甚多台灣之媽祖廟與大陸及台灣之孔廟等，均有類似之盤龍柱，山東曲阜孔廟之盤龍柱即為一例（圖廿二）（註六〇）。

在傳統中國建築中，多數均使用木柱，木柱之柱基則係石製。貝弟(Andrew Boyd)稱：石製柱基之「原來作用係不使木柱受潮氣侵害。」（註六一）事實上，石製柱基之另一作用為不使木柱之底部受堅硬物體損害（註六二）。因龍山寺所有之柱子均係石製（圖二三），故並無如上所述之實際作用。中國稱柱基之鼓狀部分為「櫍」，由櫍以下至地面部份則稱為「礎」（註六三）。梁思成稱：由於氣候關係，北方建築之櫍多甚矮短，並接近地面，有時甚至捨棄不用（圖二四），但在南方，因氣候較為潮濕，柱子之「櫍」往往甚高，並予以保留（註六四）。他又稱：鼓狀之櫍在中國北方不如中國南方流行（註六五）。龍山寺鼓狀之櫍可說明上述之趨勢。由公元一九七四年在中國湖北省發掘商朝宮殿遺址之實物觀之，遠在商朝時，石製之柱基已在建築物中廣泛使用（註六六）。

雕刻

龍山寺中有甚多鏤空之石彫，其中之一為倣木製格子窗之方形石窗（圖二五）（註六七），所使用之圖形有幾何形、花葉及蓮花等，石窗之兩邊有佛教之萬字（卍）標幟，即吉祥海雲之義（註六八），但此一萬字標幟可能有誤，因據佛經所述，萬字應作卐而非卍（註六九）。

另一石彫為具有五個竹幹之八角形石窗（圖二六），在竹幹上並有花卉等裝飾，此種以竹幹作為窗飾之設計，可能係受中國以竹為支架外敷以泥土之建築物影響（註七〇）。由甚多實例觀之，以竹幹式樣作為窗飾之手法，最少在十九世紀末後即已流行，並繼續至廿世紀後半葉，最佳之例證為台北植物園內之台灣巡撫衙門，此一建築係一八九三年所建，其正面之窗口即係以竹幹式樣作為裝飾者（註七一）。其他之例子有台南法華寺於一九六四年所建之石窗等（圖二七）（註七二），但類似之石窗並不僅限於佛寺與政府衙門，桃園一居民之住宅亦有如龍山寺之石彫竹幹（圖二八）（註七三）。

繪畫

龍山寺之正門上有四天王(**Lokapālas**)中之持國天王(**Dhṛtarāṣṭra**)及增長天王(**Virūḍhaka**)畫像各一。舒伯(**Alexander Soper**)稱：中國人於第六世紀即已有專祀四天王之寺院（註七四）。此外，甚多六朝之名畫家，如陸探微、張僧繇與展子虔等，均畫甚多四天王之畫像（註七五），故可知自第五世紀至今，四天王在中國均甚受歡迎（註七六）。

持國天王（圖二九）為主管東方之天王，其畫像有下列各種特色：大眼、高鼻、黑膚與兩隻大耳環。其面孔係印度人相貌，但其服裝除身後之環帶外，純係中國式；包括身上之盔甲、老虎、獅子、腰帶、長劍等（註七七）。此一例子說明中國人如何將其本身之文化及裝飾加於源自印度之神像上。持國天王頭上之頂冠有五佛像，故亦稱五佛冠或五智冠（註七八）。

大多數台灣佛寺並不於門上畫四天王像，但某些佛寺卻立四天王塑像於正殿前之四天王堂內，如台南之開元寺與新竹獅頭山之海會庵等。將四天王像畫於門上似原與佛教無關，而係受中國傳統習慣之影響（註七九），台灣甚多與地方信仰有關之寺廟均有類似之裝飾。

龍山寺大部份之繪畫均在觀音殿四周建築物之門窗上，部份繪畫之主題甚至與佛教無關，如《三國演義》、《封神榜》故事與一般之民間故事等（註八〇）。艾伯哈(W. Eberhard)提及，某些台灣寺廟畫家「並不受僱主之束縛而必須畫特定之題材……他們畫……他們認為有意義及美好的事物。」（註八一）彼之看法極為正確，因甚多台灣佛寺內之繪畫確係與佛教無關，但除艾伯哈所提之原因外，另一主要原因為台灣寺廟畫家多數均未接受良好之正規教育，所畫之題材或民間故事均為彼等及一般地方百姓所熟悉（註八二），此類繪畫可以龍山寺內之「張良受書」（圖三〇）為代表，此畫敘述漢朝之張良（畫內右方）自仙人手中獲贈兵書（註八三）。在畫之左方有一方框，內有作畫人之姓名，共計六人，可知此畫係集體創作之結果。

台灣佛寺內之佛教繪畫多數與釋迦牟尼有關，其題材以敘述釋迦牟尼之神通為最多，如佛指移石（圖三一）與馴象等。一般而言，此類繪畫之背景多數皆有巨松（註八四），畫之左方則書寫畫題、畫家之姓名及籍貫等（此種排置亦可見於台南開元寺內之佛教畫）。在「佛指移石」一畫中，巨石及背後小山之線條均甚粗重並多稜角，除釋迦牟尼之服飾及臂環外，其餘可說全為中國式，包括畫內之風景在內。此一例子可說明中國畫家常將外國之題材、服裝式樣或背景改變為中國式，中國龍門諸佛及菩薩彫像之穿著中國六朝服飾即為古代之例。考其原因，中國藝術家之所以將印度題材或人物等加以中國化，可能係由於下述因素：㈠部份中國藝術家不熟識印度服飾及印度人之面貌，因大部份寺廟畫工或彫刻工均係缺乏良好正規教育，對古代印度之知識極為有限。㈡藝術家有意將所有均中國化，因較可接近中國人，並使觀眾，尤其是一般平民，具有親切感。㈢據艾伯哈(W. Eberhard)之研究及報紙報導之分析（註八五），部份寺廟藝術家係子承父業，故徒弟極可能僅模擬自父親或師父處所學習之模式，而未加改變或再加新形式及新觀念於其作品中。

註釋

註一：見黃啟明作（第二章，註九）。

註二：此處所謂香火係將香灰置於紅色小布包內，多置於胸前或懸掛於身上。此種習俗仍流行於今日台灣，信徒相信內盛香灰之小紅包具有護身驅邪之功效。

註三：見黃啟明作（第二章，註九），第四七頁。

註四：同前註。

註五：見方豪作「台北市的寺廟與地方發展之關係」《現代學苑》第二期（一九六五），第五二、五三頁。

註六：籌建龍山寺之基金係由富商黃典謨所發起，其子於龍山寺第一次修繕時亦率先捐獻。見黃啟明作（第二章，註九），第四七、四八頁。

註七：見林衡道作（第二章，註二五），第五四頁。

註八：同前註。

註九：同前註。據稱當龍山寺建立時，泉州會所對入口貨物均徵百分之五稅捐，作為建寺經費。

註一〇：同前註。乾隆期間，移民多利用寺廟作為聚議之場所。

註一一：見黃啟明作（第二章，註九），第四八頁。

註一二：清代咸豐期間，械鬥甚為盛行，多因口角、用水及地界而起爭執，死亡者甚眾，嚴重之械鬥有延續兩年者。見黃啟木作「分類械鬥與艋舺」《台北文物》第一期（一九五三），第五五－五八頁。

註一三：當時台灣最繁榮之地區為台南、鹿港及艋舺。見黃啟明作（第二章，註九），第四八頁。

註一四：見方豪作（本節，註五），第五一頁。

註一五：同前註，第五二頁。黃啟明作（第二章，註九），第四八頁。

註一六：見黃啟明作（第二章，註九），第四八頁。

註一七：見方豪作（第二章，註五），第五一頁。

註一八：見《中國佛教會報告》（第三章第二節，註五二），第二頁。

註一九：《艋舺龍山寺全志》（第三章第一節，註二三），第一－七頁。

註二〇：媽祖之異名甚多，天后亦為其中之一。

註二一：媽祖俗姓林，生於公元九六〇年，死於公元九八六年，係福建人，據稱媽祖有神力可護海員之安全及驅除邪魔。死後，宋、元、明、清諸帝均賜各種尊號，因甚靈驗，故為中國沿海居民所信奉。見陳大東著《台灣之民間信仰與中國文化之關係》（台北，一九六三），第二二三－二二五頁。

註二二：見方豪作（本節，註五），第五〇頁。

註二三：見《中央日報》航空版（一九七七年三月二日、四日）第三版。一九七七年之元宵花燈展覽共連續廿天之久，最盛大者多在龍山寺。

註二四：見方鵬程作「元宵談花燈」《中央日報》航空版（一九七七年三月三日），第三版。文中提及唐中宗甚至微服出宮觀賞花燈。

註二五：同前註。

註二六：見《僧史略》卷三。釋迦牟尼佛曾以燈喻佛教，稱：「吾法滅時譬如油燈……吾法滅時亦如燈滅。」見《法滅盡經》一卷。

註二七：「神佛前供奉之燈火……以標佛之智波羅密。」見丁福保著（第三章第二節，註八），第二六九〇頁。

註二八：除《西遊記》外，尚有《三國演義》及《封神榜》等題材。

註二九：《艋舺龍山寺全志》（第三章第一節，註二三），第一七頁。

註三〇：黃啟明與艋舺龍山寺全志等均提及「分靈」一詞，但未加解釋。見黃啟明（第二章，註九），第四七頁及《艋舺龍山寺全志》（第三章第一節，註二三），第十七頁。本文作者曾向各寺廟負責人查詢，方知詳情。

註三一：見方豪作（本節，註五），第五〇頁。

註三二：同前註。方豪稱：「……惟劍潭寺於道光二十四年，由艋舺泉郊紳商重修，且由龍山寺住持兼任該寺住持，是亦類似『分靈』也。」

註三三：見梁思成作「中國建築與建築家」《文物》第十期（一九五三），第五六頁。

註三四：見梁思成作「古代建築」《文物》第十期（一九五三），第一六頁。梁氏提及隋唐時代捐獻皇宮、府第與住宅為佛寺之風氣甚盛。其實於六朝時此風已開，甚多實例可見於《洛陽伽藍記》。

註三五：見祁英濤作「中國古建築時期的鑑定」《文物》第四期（一九六五），第一七、一八頁。祁氏稱中國之宮殿、官署、住宅及寺廟等均以四合院式設計為主。

註三六：四合院式設計於台灣古宅中極為普遍，尤其以大宅院為然。甚多台灣農民新蓋之房屋仍以四合院式設計為主。

註三七：《艋舺龍山寺全志》（第三章第一節，註二三），第二七頁。設計龍山寺之建築家亦同時負責設計兩座分別座落台北及新竹之寺廟，由此可見，邀請福建建築家來台協建寺廟之風氣必盛行於當時。

註三八：同前註。

註三九：福建之開元寺為名寺之一，於宋朝期間，僧侶高達千人。據林釗所述，開元寺屬於四合院式設計。見林釗作「泉州開元寺大殿」《文物》第二期（一九五九），第四二—四五頁。

註四〇：一九七三年發掘之青龍寺係座落於今日之西安，為唐朝重要佛寺之一。見中國科學院考古研究所作「唐青龍寺遺址發掘報告」《考古》第五期（一九七四），第三二二—三二七頁。

註四一：佛寺之正門稱為山門。

註四二：Osvald Siren, *A History of Early Chinese Art-Architecture* (N. Y., 1970), P. 20.

註四三：同前註。

註四四：同前註。

註四五：同前註。

註四六：同前註。

註四七：見伊東忠太著、陳清泉譯《中國建築史》（台北，一九七五），第十九頁。
註四八：同前註，第二三頁。其他省份為：安徽、江蘇、河南及陝西之南部、甘肅南部、雲南及貴州北部等。
註四九：甚多佛寺之屋頂形式屬於中部式，如衡陽南麓寺、普陀山普陀寺、寧波天童寺等。上述各寺之照片可見於香港華廈出版社之《錦繡中華》（香港，一九七二），第四九、三三三、三三四、三四七頁。
註五〇：其他具有南方式屋頂之佛寺有福建漳州南山寺及孔廟等。圖片見前註《錦繡中華》，第一六四、一九八頁。
註五一：類似龍尾之裝飾，可見於廣東汕頭之寺廟與越南堤岸華人所建寺廟。圖片見伊東忠太著（本節，註四七）第二四、二五頁。
註五二：在梵文中摩尼(Mani)本指一般之珍珠。中國人則稱之為摩尼珠或如意珠(Cintāmani)。《慧苑音義》上曰：「摩尼，正云末尼。末謂末羅，此云垢也。尼謂離也，謂此寶光淨不為垢穢所染也。又云，末尼此曰增長，謂有此寶處，必增其威德，舊翻為如意隨意等，逐意譯也。」《涅槃經》九曰：「摩尼珠，投之濁水，水即為清。」《智度論》卷五九曰：「……有人言，諸過去久遠佛舍利，法既滅盡，舍利變成此珠，以益眾生。」
註五三：見 E. J. Eitel, *Sanskrit-Chinese Dictionary* (London,1870), P. 96.
註五四：中國佛教中有禱雨讚，係向龍王菩薩求雨。見《佛教朝暮課誦》（第三章第三節，註一），第七一頁。《止觀輔行》四曰：「龍得小水以降大雨。」
註五五：南京莫愁湖之舊亭為另一例子。圖片見《錦繡中華》（本節，註四九），第一三八頁。因浙江溫州靠近福建省，故江心寺山門傍殿之正脊係彎曲上翹者。當本文作者於一九七四年與一九七五年旅遊台灣全島蒐集資料時，曾見甚多佛寺之裝飾與龍山寺相似，如佛光山大佛前之小亭等。在廣東汕頭及越南堤岸華人寺廟等地，均可見與龍山寺相同之裝飾。汕頭及堤岸寺廟之圖片見伊東忠太著（本節，註四七），第二四、三五頁。

註五六：見祁英濤作「兩年來山西省發現的古建築」《文物》第十一期（一九五四）。另一例子為山西省之崇福寺。

註五七：見祁英濤作（本節，註三五），第一七頁。當西廉(Osvald Siren)提及鐘、鼓樓時，其最早之例子溯及明代。見西廉著（本節，註四二），第二三頁。故祁英濤所述者應為正確。

註五八：台灣因氣候潮濕，木屋多為白蟻蛀蝕。另一大害則為颱風。

註五九：梁思成著《清式營造算例》（台北，一九六八），附錄十七。

註六〇：台北市之孔廟與北港之媽祖廟均有類似之石雕盤龍柱。

註六一：Andrew Boyd, *Chinese Architecture* (Chicago, 1962), P. 26.

註六二：梁思成著《中國建築》（台南，一九六九），第二二三頁。

註六三：同前註。

註六四：同前註。

註六五：同前註。

註六六：盤龍城商宮殿遺址係於一九七四年發掘，發現宮殿四周均有走廊環繞，並有四十三個石製柱基。見湖北博物館撰「盤龍城一九七四年度田野考古紀要」《文物》第二期（一九七六），第五—十頁。

註六七：一九二〇年前之龍山寺係木造，現在龍山寺之石屋柱及石窗戶均係倣效木造者。

註六八：《慧琳音義》卷十二云：「卐字之文，梵云寶哩靺蹉，唐云吉祥相也。」《華嚴經書》鈔卷八曰：「形如卐字者…乃是德者之相，正云吉祥海雲。」

註六九：註六八：所提之經典及《華嚴經》(Avatamsaka Sūtra)卷四八均寫作卐而非卍。此記亦為佛卅二相之一。

註七〇：甚多台灣農民之存糧倉或飼養家畜之房屋，係以黏土摻雜稻草塗於以竹片編成之竹籬而成，其中有以整條竹幹編成而不加以劈開者。

註七一：此一官署為清末最高行政長官辦公之所，其正門兩側之窗戶均有倣造竹幹之窗欄，與龍山寺者極為相似。

註七二：台南之法華寺創建於一七六五年，其後重建多次，所提及之石窗位於寺之北邊，係一九六四年完成。見廢廬主人作（第三章第一節，註一一），第二四頁。

註七三：此一圖片係畫家席德進所攝，但無詳細說明。見席德進著《台灣民間藝術》（台北，一九七六），第一〇九頁。

註七四：見舒伯(Alexander Soper)著（第三章第三節，註四），第二三四、二三五頁。

註七五：陸探微（四二〇—四七七年）最少畫三幅以上四天王像。參閱邢福泉著《中國佛教藝術思想探原》（台北，一九七〇），第六九、七〇頁。

註七六：有關四天王之詳情，閱本章第五節。

註七七：類似之神像，不但多見於與地方信仰有關之台灣佛寺，同時亦見於信仰地方性神靈之寺廟，如媽祖廟等。

註七八：五佛為：㈠大日佛(Vairocana)—代表法界體性智(Dharmadhātu-prakṛti-Jñāna)，法界體性即宇宙之基本物質現象也，包括地、水、火、風、空識六項，又稱六大，其中以空識最為重要。見《天台仁王經疏》卷一。因大日佛能於六大中持立摩地(Samādhis)或三空，故其能代表法界體性智。㈡阿閦佛(Aksobhya)—代表大圓鏡智(Adarśána-Jñāna)，因所有宇宙之事物均如反映於大圓鏡上，阿閦佛則代表此一大圓鏡之智慧。見《心地觀經》卷二。㈢寶生佛(Ratnasambhava)—代表平等性智(Sama tā-Jñāna)，意指寶生佛有確知眾生係平等之智慧。見《佛智論》卷三。㈣彌陀佛(Amitābha)—代表妙觀察智(Pratyavekṣana-Jñāna)，意指彌陀佛具有能知眾物並能解惑之智慧。見《心地觀經》卷二。㈤不空佛(Amoghasiddhi)—代表成事智(Kṛtyānusṭhāna-Jñāna)意指不空佛具有成就事物之智慧。見《心地觀經》卷二。

註七九：中國人稱之為門神，將門神像畫或貼於門上之習俗係始自漢朝，當時多將非佛教神靈之像畫於門上，藉以驅邪。漢朝畫門神事蹟見俞劍華著《中國繪畫史》（台北，一九七〇），第十六頁。

註八〇：見本節，註二八。

註八一：W. Eberhard, "Topics and Mural Values in Chinese Temple Decorations," *Journal of Oriental Society,* 1 (1967), 24.

註八二：《三國演義》與《封神榜》等小說均為中國民間所熟悉。本文作者曾與數位寺廟畫家或雕刻家於工作時晤談，其中之一且在台灣佛教界甚負名聲，發覺多為小學至中學程度。

註八三：據民間傳說，張良得兵書後即助漢高祖統一中國。

註八四：艾伯哈(W. Eberhard)稱：在台灣寺廟畫中，松樹及蓮花極為流行。見艾伯哈作（本節，註八一），第二五頁。彼又稱鳳凰係代表女性。此一說法未夠詳盡，因在中國社會中，鳳凰亦為吉利之象徵。

註八五：艾伯哈(W. Eberhard)作（本節，註八一），第二五頁。

第二節　慈雲寺

歷史

慈雲寺係位於台北縣中和鄉之石壁湖山上，又稱慈雲岩。此寺原建於清朝咸豐時期（公元一八五一至一八六一），其後因故廢棄，而遷至板橋，並改名為接雲寺。一九五四年六月十九日，慈雲寺原址發生大火，數逾十八畝之樹林均被焚毀，當有關人士至現場視察時，發現有一方圓地區之樹草仍碧綠如新，但四周卻盡是灰燼，後經熟識者指出，此一未焚地區即慈雲寺之原址。當時山下圓通寺之住持妙清，即倡導於原址重建慈雲寺。一九五四年，妙清之門徒達進，亦即慈雲寺之第一任住持，舉行破土典禮，動工時，工人於地下三尺發現清代古磚及原寺觀音像之底座，於是遂按原寺範圍重建。一九六九年，慈雲寺之屋樑為白蟻侵蝕及颱風吹毀，翌年全寺重建，完成於一九七四年（註一）。此寺為台灣佛寺建造於一九七〇年代之一例。

慈雲寺之建造甚得俗家信徒之大力支助，如慈雲寺現有之土地，即係土地所有人於獲悉奇蹟後所捐獻（註二），更有進者，大火發生於一九五四年六月，破土儀式係在九月舉行，前後僅三個月即動工重建，如無信徒大力捐助及支持，實難如此之速也。一九七四年，當慈雲寺重建時，除信徒捐獻外，原來捐贈土地之地主又再次捐贈土地，供作由山下通至山上公路之用（註三）。

達進

在今日台灣，甚多女尼擔任各佛寺之住持，其中且有甚負盛名之著名佛寺，如台南開元寺、苗栗法雲寺、台北圓通寺等（註四），慈雲寺之達進是為另一例。

據慈雲寺之紀錄，達進於十二歲時即吃齋，卅歲削髮為尼。雖然倡導重建慈雲寺者為達進之師妙清，但負責實際重建慈雲寺者卻為達進（註五）。一九七五年時，達進已六十八歲，但她卻是證明台灣佛教僧侶傾心於現代化及力求改進之佳例。一九六二年，達進為其弟子及信徒之進修而成立佛學院（註六）。一九七四年，又在曉雲法師之建議下，於正殿旁成立一小型圖書館，同時並派遣其弟子至蓮華學佛園進修，主因係蓮華學佛園中有甚多著名學者任教（註七）。當通往山下之公路動工時，其本人亦參加築路工作（註八）。一九七四年，重建完竣後，曾向曉雲法師徵求其對佛寺裝飾及配置之意見（註九）。此外，又編印「慈雲岩史」小冊，介紹其歷史，為台灣佛寺中僅知具有寺史之兩座佛寺之一（註一〇），故其態度可謂積極向上，雖然達進當時已近七十之年。

建築

因慈雲寺位於高山頂上，寺之範圍甚受主觀環境之限制；寺前並無廣場，因係山頂之斜坡。雖然如此，慈雲寺之配置仍是對稱式（圖三二），此為多數中國建築特徵之一（註一一）。另一限制其範圍之原因為現在之慈雲寺係依據咸豐時期所建之慈雲寺地基而重建（註一二）。

存在於一九五四年至一九七四年間之慈雲寺，屋頂係屬南方式（圖三三），特徵為上翹之垂脊及翼角與彎曲之正脊。類似之特徵仍可見於台灣居民之祖祠、大宅院及較富裕農民之住宅。據住持稱，正殿兩側均有與正殿垂直之房屋，兩屋之盡頭則有與正殿平行之房屋，中間形成一院子，此種配置係屬於中國傳統「四合院」式設計。

慈雲寺正殿（圖三四）雖係根據古慈雲寺之面積而重建，但其風格卻各不相同，且為兩層樓建築，與以前之一層平房有異（註一三）。正殿入口前四條支柱之柱基，均係鼓狀式，此種形式在中國南部極為流行。西式窗戶與中國式房頂說明此一建築係中國歇山式與西洋建築之合璧。揉合中西風格之建築在廿世紀之台灣甚為流行，此種綜合式之建築可見於台灣之其他佛寺，如一九五四年興建之台北內湖金龍寺，其正殿入口正面與支柱均係西洋式（圖三五），但其正殿之建築則屬中國歇山式（圖三六）（註一四）。

一些台灣之佛寺不但其風格受西洋建築之影響，且所使用之材料亦與傳統者迥異；除屋頂之瓦面外，整個慈雲寺係由西式鋼筋混凝土所建成，甚至屋簷之檐椽與屋樑亦係以鋼筋混凝土所造（圖三七），此一改變，使甚多修建佛寺之藝術家將注意力集中於裝飾及與此有關的設計兩方面；如將龍之形狀放於「抱頭梁」（承受檐檁者）下，即為一種嶄新的設計，並無法見於台灣之舊佛寺中。另一新的設計可見於金龍寺之靈塔，設計者以油漆畫成木造檐椽之形狀，實際上，所有屋簷、抱頭粱及檐椽等均係鋼筋混凝土所造（圖三八）。

慈雲寺正殿之屋頂並無如龍山寺之雙龍與如意珠，其正脊係直線狀而非彎曲者，此種風格形式並未受福建省及台灣地方建築之影響，改變之主因係受由大陸來台之曉雲法師之影響（註一五）。此一例子亦可顯示大陸來台高僧對於廿世紀台灣佛寺建築之影響性。甚多於一九七〇年代後半期在台灣建築之新佛寺，均無上翹之正脊及垂脊以及屋頂上之如意珠及兩龍，如台北之松山寺及高雄之佛光山等均是。

觀音殿

慈雲寺係以敬拜觀音菩薩為主，觀音像係在正殿之底樓（圖三二）。除釋迦牟尼像外，觀音菩薩及其他二個雕像均係檀香木所製，因可防白蟻（圖三九）。據佛經所載，觀音菩薩可因環境及需要關係，以男性或女性出現（註一六）。在觀音像後，有一圓圈，此一圓圈係代表太陽（註一七）。觀音之左邊有一小型觀音像，此像可因信徒之請求出寺，或至信徒處受供奉某一特定時期。觀音像之右方為地藏王菩薩像(Kṣitigarbha)，地藏王主要之任務係救人脫離地獄苦海（註一八）；其右手作吉祥印（註一九）。所有台灣之地藏菩薩像均有寶冠於頂，其像經常出現於路旁石碑上，以保護行旅（圖四〇）；左手握珠，右手持錫杖，後者為開啟地獄之門之利器（註二〇）。觀音像前之釋迦牟尼佛像係由台灣白大理石所雕成，風格係受曉雲法師所藏之緬甸玉佛影響（註二一）。類似風格之玉佛像，可見於上海之玉佛寺（圖四一）（圖四二）。兩者均係自緬甸攜來，後者（圖四一）係於一八八二攜返（註二二）。慈雲寺觀音殿內觀音之特徵為寬廣之頭帶及自左肩垂下之披巾。此一佛像亦說明印度帕那(Pāla)式、緬甸式及泰國式之間的密切關係；自左肩垂下之披巾係源自印度，但卻影響緬甸及泰國之造像，其關連性及影響性可見於印度之石坐佛（公元九世紀）（圖四三）（註二三）、緬甸之銅坐佛（帕根〔Pagān〕時期，約當十一世紀或十二世紀初）（圖四四）（註二四）與泰國之石坐佛（庫瑪〔Khmer〕式，十三至十四世紀）（圖四五）（註二五）。據李梅(Reginald le May)之研究，佛像前額之頭帶係源自泰國之庫瑪式雕刻（註二六），在緬甸發現之印度帕那式銅佛「似為現代緬甸佛像之先驅。」（註二七）

慈雲寺之觀音像係由台灣名佛像雕刻家陳祿官所雕，陳氏亦為台北圓通寺與永明寺等佛像之雕刻者（註二八）。陳祿官所雕之佛像有如下之特徵：長方臉、小嘴、造型柔和。在台灣，多數之釋迦牟尼佛、阿彌陀佛及藥師佛之臉型均較豐滿，但其他雕像之臉型並不如前者豐滿，而與陳祿官所雕者類似，其主因係台灣多數之佛教雕刻家係來自福建，或為此等雕刻家之門徒或後裔（註二九）。

觀音殿之地下係以巨磚舖成（圖四六），其最大者即為一九五四年發現建於清咸豐時期之古慈雲寺之原有地磚。據達進稱，來自福建之巨磚係二尺四寸見方，面積較大，但台灣本地製之地磚則僅有一尺二寸見方，故據《慈雲岩史》發現大陸地磚之記載，可知延請福建建築師及入口福建建築材料建築佛寺之風，在滿清時期之台灣必甚流行（註三〇）。

在觀音殿內之右方，有一懸掛之銅鐘（圖四七），係由信徒所捐獻，捐獻者之姓名亦刻於鐘面，鐘之右上方有曹洞宗慈雲寺等字樣。此一巨鐘可顯示下列三種現象：㈠佛寺之信徒不一定限於鄰近地區，據鐘上信徒之姓名及地區觀之，其信徒幾乎遍佈台灣，最遠者可至高雄。㈡甚多信徒係來自同一家庭，因姓名前二字均相同，由此可見甚多佛教徒受家庭影響頗深。㈢台灣禪宗所屬之佛寺與其他宗之佛寺，尤其是淨土宗，並無多大差異，因其內外佈置與所供奉之佛像均與他宗者相同，此為今日中國佛教實行禪淨雙修之佳例（註三一）。

除召集僧侶外，佛寺內之巨鐘通常一日擊打兩次；一為朝課，一為暮課。在僧侶準備作朝課前，須擊巨鐘一百零八次，擊鼓三千次，但在暮課時，則於暮課完畢後行之（註三二）。一百零八次象徵一百零八個煩惱(Kleśa)能為鐘聲所制伏（註三三）。鐘之另外作用為鐘聲能拯救地獄中之死者靈魂脫離地獄，並能遏止眾生之貪、邪念（註三四），故在台灣佛寺中，最少有一鐘一鼓懸掛於正殿之兩側，內外均可，但一般均置於正殿內，並懸掛於近入口之兩旁。

正殿內左側之鼓（圖四八）亦為召集僧侶之用，但亦代表釋迦牟尼佛本身以及具有驅煩惱、去邪惡之神力，並能增強弱者之勇氣（註三五）。鼓上均有捐贈者之姓名。

佛殿

慈雲寺之佛殿（圖四九）係位於正殿之二樓，佛像前之桌上置木魚（圖五〇）及磬（圖五一）各一。在中國佛寺中一般有兩種不同形狀之木魚；一為圓木魚，一為長木魚（或梆）（註三六）。長木魚通常懸於堂外（圖五二），僧侶用飯時則擊長木魚以告示（註三七），但在台灣此類長木魚卻難得一見（註三八）。圓木魚上有魚鱗狀紋飾，據《百丈叢林清規證義記》之敘述，因魚在日夜均張目，故佛教以之為象徵並擊之，以警惕己身勤加精練，如魚之日夜不休（註三九）。僧侶誦經時均用之。磬則為銅製，誦經及儀式時均用之，當住持或貴客敬拜佛像時，則擊磬三次（註四〇）。

木魚及磬兩側各有光明燈二（圖五三），光明燈之另一別名為藥師燈。在燈上每一龕內有一小型藥師佛像及一小燈泡，當部份信徒或其親友有病痛時，可要求佛寺將其姓名寫於龕下，以求康復（註四一）。據《灌頂經》(*Mūrdhābhisikta Sūtra*)與《百丈叢林清規證義記》之記載，禱求藥師燈者，七天七夜後病痛即可癒（註四二）。藥師燈為一圓形曼陀羅(Maṇḍala)，中置藥師佛像，信徒相信藥師佛之神力會集中於此一圓形之曼陀羅，而產生不可思議之神秘力量（註四三）。據《灌頂經》及《藥師經》(*Bhaiṣajyaguruvai-dūryaprabhāsa Sūtra*)之敘述，藥師燈應為七層，而非如圖所見之九層（註四四），而且台北松山寺及大佛寺之藥師燈均為七層（註四五），故七層應為正確之層數。層數增加之原因可能係信徒禱求者甚多所致，由此可見，佛教雖有固定之規條，但某些佛寺仍可視情形採取彈性之措施，慈雲寺即為一例。

二樓佛殿中主祀像係一白大理石製之釋迦牟尼像（圖五四）（註四六），高七尺八寸。此一佛像係於一九七三年五月動工，同年十月完成，雕刻者為福建人蔣銀墻，其風格與在觀音殿中之釋迦牟尼佛像甚為類似，所具之細甸特徵為：寬廣之頭帶，由左肩垂下之披巾，小嘴，半開眼睛與橢圓形臉型。此為由外國進口之佛像影響慈雲寺佛像造形之一例。

釋迦牟尼佛右邊為文殊(Mañjuśri)像（圖五五），係由木造，雕刻者為陳祿官之門徒金依據，係台灣人（註四七）。文殊手中捧一如意，為佛法之象徵（註四八），其特徵為：長方形臉孔，眉毛甚高並似弓形，小嘴。如將上述之特徵與陳祿官所雕之觀音像相較，均有相似之處，由此可見師徒間密切關係及福建雕刻家對年輕一代台灣雕刻家之影響。另一如上述之例為佛像雕刻家黃梁，係福建泉州人（註四九），曾在澎湖廣收從事寺廟雕像之徒弟，今日甚多在澎湖及高雄之寺廟雕刻家均為其門徒（註五〇）。因著名及規模宏大之寺廟雕刻家養成所在台灣並不多見，故福建籍雕刻家對台灣籍雕刻家之影響甚為明顯及深遠（註五一）。台灣之佛寺雕刻家與台灣寺廟畫家之情形甚為相似，即台灣佛寺雕刻家仍然在私人處習藝，或為門徒，或為子弟親戚，習藝時間通常為二至四年（註五二）。雕像如為木質，多於習藝所雕造，如為鋼筋水泥或泥塑，則於立像處塑造。

註釋

註　一：見慈雲寺編《慈雲岩史》（台北，一九六七）（出版日期不詳。）

註　二：同前註。

註　三：同前註。山路大約一千五百餘公尺。

註　四：此三個佛寺之住持均係女尼。

註　五：同註一。

註　六：同註一。

註　七：當本文作者訪慈雲寺時，曾見寺內數位女尼，住持稱其中數位曾於蓮華學佛園中進修。

註　八：曉雲法師告本文作者，當其第一次與達進見面時，達進載一斗笠，於道旁勞動工作。

註　九：達進稱彼曾徵詢曉雲法師之意見，因曉雲法師為當時女尼中唯一任教於大學研究所者，故對彼甚為尊敬。

註一〇：大多數之台灣佛寺對本身寺史並不重視，甚多住持及僧侶對其本寺之歷史亦不全盤清楚。本文作者曾訪問甚多佛寺並詢問寺史，但多數均不清楚，僅有少數住持對寺史了解，但並無印成之出版物提供。

註一一：見伊東忠太著（第四章第一節，註四七），第四六頁。

註一二：見《慈雲岩史》（本節，註一）。

註一三：據《慈雲岩史》之敘述，重建二層樓新寺之原因為信徒日漸增多，原有空間已不敷使用。

註一四：台灣佛寺中歇山式建築甚為流行，歇山式建築詳情閱附錄四。

註一五：幾乎所有於一九七〇年代建立之台灣佛寺均無上翹之正脊及兩龍一珠於屋頂，同時裝飾亦大為簡單。曉雲法師稱，上述之改變係基於下述原因：㈠過份之裝飾及曲線流於繁瑣豪華，佛寺應避免此種傾向。㈡台灣佛寺應跟隨中國大陸一般佛寺傳統之設計及風格，南方式屋頂過份重視裝飾，非傳統佛寺所應模擬。

註一六：見《蓮華經》「觀世音菩薩普門品」。文中提及觀音可現各種身說法：女身、男身、童身、比丘尼、比丘…等。但據佛經所載，觀音原為男身，佛曾稱觀音善男子最少兩次，見《觀世音菩薩授記經》卷一及《曼殊室利經》卷一。

註一七：《法華義疏》二稱：「觀世音名寶意，作日天子。」

註一八：舒伯(Alexander Soper)稱：地藏王「僅於唐朝後半期成為一受歡迎之人物」。舒伯著（第三章第三節，註四），第二一一頁。其在唐朝受歡迎之原因為：中國人相信地藏王係出生於韓國之金喬覺，於七世紀中葉來中國，七二八年七月三十日悟道於九華山頂，地藏王菩薩即係金喬覺之化身。見丁福保著（第三章第二節，註八），第一〇六九、一〇七〇頁。地藏王之職責見《地藏本願》卷二。

註一九：丁福保著（第三章第二節，註八），第三〇〇四頁。

註二〇：據永明寺住持之解釋。

註二一：達進曾要求以曉雲法師供奉之玉佛作為樣本。玉佛係曉雲法師自緬甸攜來。

註二二：見威爾治(Holmes Welch)（第三章第二節，註二二），第三四五頁。

註二三：此坐佛係來自南印度，石造，高七一寸，係東京彭尼(Boney)收藏品之一。見Hugo Munsterberg, Art of India & Southeast Asia (N. Y., 1970), p. 74.

註二四：據李梅(Reginald le May)所述，此一圖片係取自一九二六－一九二七年《印度考古調查年報》(Annual Report of the Archaeological Survey of India)。李梅稱此一佛像係屬於帕那式。見Reginald le May, *A Con-*

cise History of Buddhist Art in Siam (Cambridge, 1938), p. 104.

註二五：此一佛像係於羅布里(Lopburi)發現，高三九又八分之三寸，現藏曼谷國立博物館。見 *The Sculpture of Thailand*, ed. Theodore Bowie (N. Y., 1972), p. 86.李梅稱此一佛像係在中緬甸所造。見李梅(Reginald le May)著（本節，註二四），第六七頁。

註二六：見李梅著（本節，註二四），第一三八頁。

註二七：李梅著（本節，註二四），第一〇四頁。李梅稱「帕那之佛教藝術」被轉介「至緬甸，介紹者為印度那爛陀(Nālandā)寺之僧侶，彼等曾於第十一世紀時赴柏根」（第一〇一頁）。

註二八：陳祿官於台灣佛教界中甚負盛名，彼不但為福建人，且亦習藝於福建，甚多台灣佛教雕刻家均為其門徒。據永明寺住持稱，各佛寺多願請陳氏雕像，唯價格甚高。

註二九：一九五〇年代，台灣佛像店不多，有名者均來自福建，以後方收台籍徒弟，時至今日，佛教界中甚多人士仍以為閩籍之佛教雕刻家較佳。

註三〇：在清朝時期，台南彌陀寺之銅鐘即係在福建漳州鑄造進口者。見廢廬主人作（第三章第一節，註四），第三一頁。

註三一：見第三章第三節，註五及註七。銅鐘係淨土宗之佛寺作為誦經、禮儀之用。

註三二：據慈雲寺住持口述。

註三三：同前註。

註三四：《唐高僧傳》智興傳稱：「亡者通夢其妻曰：不幸病死，生於地獄，賴家禪定寺僧智興鳴鐘，響震地獄，同受苦者，一時解脫。」《大唐西域記》卷一亦曰：「龍曰，我以惡業，受身為龍，龍性猛惡，不能自持，瞋心或起，當忘所制，王今更立伽藍，不敢摧毀，每遣一人，候望山嶺，黑雲若起，急擊犍推，我聞其聲，惡心當息。」

註三五：《法華義疏》卷一曰：「外國名佛以為天鼓……天鼓鳴時諸天心勇……修羅懼怖。眾生煩惱應來，佛則為設法……佛說法時弟子心勇……諸魔懼怖……。」

註三六：《百丈叢林清規證義記》（第三章第三節，註四二），第九卷。

註三七：同前註。

註三八：本文作者訪各佛寺時，未見有梆之設置。

註三九：《百丈叢林清規證義記》（第三章第三節，註四二），第九卷。

註四〇：見本節註三二。

註四一：據住持稱，甚多信徒等候將姓名置於藥師燈上。

註四二：《百丈叢林清規證義記》卷五及《灌頂經》卷二。

註四三：《演密鈔》卷五。

註四四：《藥師經》卷一稱，如病者或祈求者之親友欲敬拜藥師佛者，應要求僧侶燃七層燈。《灌頂經》卷二亦稱：「若有尪羸病惱，請諸僧七日七夜，齋戒誦經，勸然七層之燈。」

註四五：本文作者於一九七五年訪松山寺及大佛寺等。松山寺之住持為道安，曾任中國佛教會理事長，故松山寺之七層藥師燈應係照佛經所規定，而未加以增減。

註四六：慈雲寺住持稱，費時約三年方覓得雕此佛像之白大理石。
註四七：金依據在台北有一佛具店。
註四八：見《佛祖統紀》（第三章第三節，註一一四），卷六。
註四九：《中央日報》航空版（一九七七年一月二四日），第三版。
註五〇：同前註。
註五一：據報導，在基隆市僅有四所佛具店。見《中央日報》航空版（一九七七年六月二日），第三版。在台灣佛教界中負盛名之佛具店及佛像雕刻家似不會超過十個以上。
註五二：《中央日報》提及兩位在基隆及澎湖之佛像雕刻家，門徒多為子侄輩或親戚。見《中央日報》航空版（一九七七年一月二四日及六月二日），第三版。

第三節　圓通寺

歷史

台北圓通寺創建於一九二六年，一九二九年重建。第一任住持係妙清，於一九五五年圓寂（註一）。圓寂前一年，妙清倡導捐建慈雲寺，並命其門徒達進主持該寺（註二）。此一事實證明，某些佛寺住持可同時處理兩寺事務，並有權任命新寺之住持。此寺為台北市近郊最有名之佛寺之一（註三）。

建築

圓通寺之配置仍然受中國四合院式之影響；四周為建築物，中央為空地。如吾人將圓通寺之正殿（圖五六）與龍山寺之觀音殿（圖二一）相較，兩者有甚多類似處：㈠兩者在正殿入口處均有向前伸延之高台，高台兩側均有階梯。㈡除屋頂外，兩者均為石塊砌成。㈢兩者之三面周圍均為走廊。㈣兩者均有石造欄杆。更有進者，山門支柱柱基之上半部（櫍）為鼓狀（圖五七），與龍山寺柱基鼓狀之櫍為同一形式。因龍山寺與圓通寺均係建立於一九二〇年代，故上述之相似處與建築材料似於當時之台灣甚為流行。

圓通寺主殿前之凹槽狀石柱係模仿源自希臘及羅馬之支柱，此種凹槽狀石柱自十五世紀至十七世紀—甚至至廿世紀，又大為流行於西方建築中。主殿側另有一石柱，石柱為圓形，立於一長四方形之高柱基上（圖五九），類似之石柱與柱基可見於秘魯利瑪外交部正門前之石柱（圖六〇），為十八世紀所建（註四）。西方建築對圓通寺之影響，可能係由於日本佔領台灣之關係，因日本之明治維新

（一八六八——一九一二年）是「在西方影響下接受一種現代化的積極政策。」（註五）當十九世紀末，甚多日本領袖及知識份子至西方國家研究及旅遊（註六），但自一八九五年至一九四九年，台灣係在日人統治之下，故設計圓通寺之建築家，可能自其閱讀或所見之建築物中，獲得資料或模型。

圓通寺正殿前之石燈為無上智慧之象徵，此種石燈在日本佛寺中甚為流行，如法隆寺(Hōryū-ji)及唐招提寺(Tōshōdai-ji)等。但將石燈放置於佛寺主殿前，係源自中國而非源自日本者，雖然在中國大陸佛寺中甚少有石燈之設置。一九五五年太原童子寺之發掘，發現有一北齊（四七九－五〇一年）之石燈（圖六一）（註七），由此可證中國在第五世紀時即已將石燈置於寺前，唯圓通寺前石燈之配置，可能仍受日本佛寺之影響。

雕刻

正殿入口前之石象爐（圖六二），又稱香象爐；梵文稱香象為犍陀赫斯提(Gandhasti)，據說為賢劫十六尊之一，居金剛界外院方壇（註八），羅什(Rumārajiva)於其所譯《維摩經》(Vimalkirtinirdeśa sūtra)中注釋曰：「青香象也，身出香風，菩薩身香風，亦如此也。」（註九）又據《華嚴經》(*Avataṃsaka Sūtra*)

曰：「北方有菩薩住處，名香聚山，過去諸菩薩，常於中住，彼現有菩薩名香象，有三千菩薩眷屬常為說法。」（註一〇）將石象爐置於正殿入口前，有三種作用：㈠與佛交通（註一一）。㈡信徒入內敬拜時，香氣可潔身（註一二）。㈢當正殿內信徒甚多時，其他信徒可於殿外焚香敬拜（註一三）。

正殿內作禪定狀之泥塑釋迦牟尼佛像，係陳祿官於一九三二年所造（圖六三）（註一四）。佛像之特徵為：長方臉、小嘴、弓狀之高眉毛。此一佛像當為陳氏於十九世紀末或廿世紀初自其師處所習之模式（註一五）。一般而言，此一佛像之特徵於甚多台灣佛寺之佛像中均可見之（註一六）。

山門中央有一個由水泥塑造之釋迦牟尼幼兒像，面朝南方（圖六四），此為廿世紀西方雕塑影響台灣佛教塑像之一例（註一七）。釋迦牟尼幼兒像係說明當釋迦牟尼由其母瑪耶(Mahā-māyā)右脇出生後，即行七步，舉右臂指天曰：「天上天下，唯我獨尊。」（註一八）舒伯(Alexander Soper)稱：釋迦牟尼之七步「象徵走向其所誕生之世界。」（註一九）據《佛教朝暮課誦》與《百丈叢林清規證義記》之記載，釋迦牟尼行七步後，一朵蓮花即自其腳下出現（註二〇）。《大日經疏》提及，蓮花象徵吉祥與潔淨（註二一）。據《維摩經》之內容及注解研究，釋迦所行之七步應象徵七淨華或七種淨，此七淨即「一戒淨（心口所作清淨）、二心淨（斷煩惱心清淨）、三見淨（見法真性不起妄想）、四度疑淨（真見深斷疑）、五分別道淨（分別是道非道）、六行斷知見淨（知見所行善法與所斷惡法而清淨分明）、七涅槃淨（證得涅槃遠離諸垢）（註二二）。

註釋

註一：本文作者曾與其住持晤談，但詳細歷史無法獲悉，此種現象在台灣佛寺中甚為普遍，因作者曾向甚多佛寺僧侶詢問其歷史，多數均要作者與其住持談，但多數住持對本身寺歷並不瞭如指掌，除非其本人為佛寺之創建者，故缺乏歷史資料為研究台灣佛寺之一大困難。

註二：見《慈雲岩史》（第四章第二節，註一）。

註三：圓通寺為台北市民及學生郊遊之地。

註四：此一建築係一七三〇至一七三五年間所建，原為一私人住宅，類似之柱基在羅馬聖馬提那依露加教堂(Church of San Martina e Luca)內亦可見之，此一教堂建於一六三五年，建築家為Pietro da Cortona.

註五：見荷爾(John Whitney Hall)著（第二章，註二二），第二八五，二九〇、二九一頁。

註六：同前註，第二八九—二九三頁。

註七：見羅哲文作「童子寺」《文物》第四期（一九五五），第五〇頁。龍山寺山門前亦有相似之石燈。

註八：丁福保著（第三章第二節，註八），第一六一五頁。

註　九：同前註。

註一〇：華嚴經「菩薩住處品」。

註一一：《賢愚經》卷六稱：「佛在舍衛，放鉢國長者，有子名富奇那，後出家證阿羅漢，化兄羨那，造旃檀堂請佛，各持香爐，共登高樓……燒香歸命，會佛及聖僧，香煙乘空在佛頂上，作一煙蓋，佛知，即語神足比丘同往。」

註一二：據圓通寺住持所述。

註一三：同前註。

註一四：同前註。

註一五：據舊金山亞洲博物館及舒伯(Alexander Soper)之研究，「自唐以後，甚難有真正的全國性或朝代性的風格，因所雕造者多數均仿古，所留作品中多數均模仿六朝或唐朝之風格，但是，在每一朝代中，某些私人佛像製造所或地區，仍然發展其特殊風格。」又稱：明朝「揉合甚多前時代之風格及形式，直至明末及清朝（一六四四－一九一二年）此一現象仍然未變。」見*Chinese, Korean and Japanese Sculpture*, ed. Renéyvon Lefebvre d'Argence &Diana Jurner (N. Y., 1974), pp. 20, 22.

註一六：類似之特徵亦見於高雄宏法寺之釋迦牟尼佛像及佛光山之釋迦牟尼佛像等。詳情見第四章第八節。

註一七：據住持稱，此一雕像係於廿世紀末所造。

註一八：見《長阿含經》卷一。史密斯(Bradley Smith)誤稱：「自佛出生後……行八步。」見Bradley Smith, *Japan-A History in Art* (N. Y., 1964), p. 53.

註一九：舒伯(Alexander Soper)著（第三章第三節，註四），第一九五頁。

註二〇：見《佛教朗暮課誦》（第三章第三節，註一），第一一六頁；《百丈叢林清規證義記》（第三章第三節，註四五），卷三。

註二一：《大日經疏》卷十五。

註二二：見《維摩經》「佛道品」。

第四節 永明寺

歷史

永明寺座落於台北陽明山半腰，係於一九四二年建立，創建人為玄妙，在未創立此寺前，玄妙亦係內湖圓覺寺之創建人。永明寺建立後，玄妙曾自兼永明寺住持，其後，即命其門徒女尼信定住持，但今日兩寺之間已無主從關係存在（註一）。在台灣佛寺中，一寺之住持創建另一寺院後，再任命其門徒擔任新寺住持之風氣似甚為普遍；慈雲寺及永明寺均為其例。

永明寺之歷史亦可說明台灣佛寺在日據時代及國民政府時代之差異；如玄妙

是和尚，但其門徒信定卻為一女尼，在日據時代，和尚同時收男女門徒之風甚為普及，如信定之師兄能定即為男性（註二），但此一習俗於日據時代後即有甚大之改變，多數台灣佛寺僅接受同性別之僧侶，但少數佛寺之和尚仍接收不同性別者為門徒（註三）。

蓮華學佛園

永明寺雖僅為一規模甚小之佛寺，但在佛教教育上卻極負盛名，當一九七一年曉雲法師在永明寺內設立蓮華學佛園時，永明寺即為一般與佛教有關人士所周知（註四）。台灣佛教圈中有所謂「三雲」，均以從事佛教教育及佛教活動而聞名，尤以在知識份子中為然，此「三雲」即北台灣之曉雲，中台灣之懺雲，以及南台灣之星雲（註五）。在台灣北部最有名之佛教教育中心即蓮華學佛園（註六）。凡是欲往蓮華學佛園進修之女尼或女性，除須由園方甄選外，尚須自付食費，大多數之學生為高中畢業或相當於高中程度，學習時間共三年（註七）。除佛學課程及修行外，同時亦須修習文學、哲學、外語及藝術等課程（註八），任教者除佛教有名之僧侶外，尚有社會及學術界之名教授。在藝術課程中，學生須同時習畫及練字（註九），部份學生之作品頗具相當水準（圖六五）。

據蓮華學佛園之規定，學生尚須學習實用技能，如中、英文打字等（註一〇），同時亦須於田野中從事勞動工作（註一一）。上述佛教教育之新作風，使甚多台灣佛寺之女尼及對佛教有興趣之婦女申請入蓮華學佛園進修（註一二）。由於其卓越之聲譽，使參加一九七四年蓮華學佛園第一屆畢業典禮之名僧、名教授及外國人士高達二百餘人（註一三）。據曉雲法師稱，甚多畢業於蓮華學佛園之學生，已有任佛寺住持者，故此一學園對台灣部份佛寺之影響頗為深遠。

建築

永明寺之正殿形式係屬台灣傳統平民式建築（圖六六）。一般而言，多數傳統式之平民住宅係捲棚式，（註一四），且甚為簡單狹小，如與歇山式建築相較，傳統式之平民住宅建築較不重視裝飾，僅使用細小之薄瓦於屋頂。永明寺正殿之正脊係微曲，屬於中國南方式屋頂或建築，但此一建築如與龍山寺之山門相較，其正脊之彎曲度極為輕微。

因永明寺正殿甚為狹小，無寬敞之活動餘地，為節省空間起見，將通常放置於佛寺主像前兩側及近入口處之鐘鼓，移至主像兩側（圖六七）。由此例可知，當事實需要時，台灣佛寺之慣例並非一成不變者，故台灣佛寺之適應性，不但見之於佛教禮儀，同時亦見於正殿內之安置（註一五）。

正殿後有一茅草小屋（圖六八），雖然甚多台灣早期之佛寺係自茅屋蛻變而來，但永明寺之茅屋卻是台灣佛寺中絕無僅有者（註一六）。據曉雲法師稱，此一茅屋入內居之係冬暖夏涼，為坐禪及修行之好地方。茅屋命名為「六和寮」，係由「六和敬」而來；《法界次第》下之下曰：「……外同他善，謂之為和，內自謙卑，名之為敬。」所謂六和即身、口、意、戒、施、見也（註一七）。《祖庭事苑》卷五曰：「一身和、共住；二口和、無諍；三意和、同事；四戒和、同修；五見和、同解；六利和、同均。」（註一八）此六和亦即出家人之基本信守原則。

模倣唐朝式建築裝飾之風氣，可見於部份台灣佛寺，如永明寺於一九七三年所建山門之鴟尾（圖六九），以及台中玄奘寺正殿正脊兩側之鴟尾均是（圖九二）。上述鴟尾之形式亦可見於日本奈良唐招提寺之正殿（圖七〇）及奈良東大寺之正殿等。據中國之傳說，屋頂之鴟尾可防火，但孟士德保(Hugo Munsterberg)卻誤稱日本唐招提寺屋頂正脊兩側之翼狀裝飾「係代表龍尾」（註一九）事實上，中國人雖傳統地認為龍能造雨製水，但卻從未將龍尾置於屋頂正脊兩側，而僅置於垂脊或戧脊末尾。據說，將鴟尾置於屋頂之原因係「南海有魚虬，尾似鴟，激浪降雨。」（註二〇）故稱之為鴟尾（註二一）。

中國最早之鴟尾始於六朝（註二二），敦煌第四二八號洞（公元五二〇—五三〇年）佛教壁畫內之建築（圖七一）是為佐證（註二三）。但吾人如詳究之，六朝之鴟尾似係受漢朝建築之影響，漢朝武梁祠石刻畫拓本中，建築物屋頂兩側之脊飾（圖七二）必與六朝鴟尾之設計有所關連（註二四）。由鴟尾之演變觀之，六朝至唐朝之鴟尾係屬同一形式，尾部厚重；但自十世紀至十二世紀止，鴟尾之尾部逐漸變成細長（註二五），同時張口之魚頭與鴟尾後之背獸亦開始出現，因魚頭之口部係將突出之正脊含在口內，故亦稱之為鴟吻（註二六）或正吻（註二七），而非鴟尾。河北薊縣獨樂寺山門上之鴟吻或正吻是為一例。至元朝期間，鴟吻之尾部逐漸形成捲曲，北京永樂宮純陽殿之鴟吻（圖七四）為其代表（註二八）。但至明朝及清朝，整個魚尾成捲曲狀，龍之圖形亦告出現，同時鴟吻亦明顯地分為三部份：㈠劍靶；㈡背獸；㈢口部（圖七五）（註二九）。在一九七〇年代所興建的台灣佛寺中，鴟尾和鴟吻均甚為流行；唐式鴟尾可見於永明寺及玄奘寺，明清式之鴟吻則可見於佛光山之觀音殿與台北之松山寺等（註三〇）。

因永明寺範圍甚小，故曉雲法師及住持對環境佈置頗為重視，正殿前之庭園（圖七六）可謂小巧優雅；有未多經人工鑿磨之石桌石凳，有綠草如茵之草坪，有稀疏小樹及長青松柏。庭中石桌及石凳係供茶會及普茶之用，前者主要係討論佛法及修行之問題，後者則於每年舊曆年底最後一日舉行，全寺之僧侶均須參加，在普茶中主要係檢討一年中之得失及討論明年之各種計劃。

閉關

閉關係指佛教僧侶為求精進，自願禁閉於一室內一段時間，以便坐禪及研習某一特定佛經或各種佛經之謂也（註三一）。閉關時，室之雙門均加封條，僅容一小窗作傳遞食物及飲水之用（註三二）。中國佛教中有各種不同之閉關，如閉關之僧侶於關中研習《般若經》(*Prajñāpāramitā Sūtra*)則稱之為般若關；如研習《觀無量壽經》(*Aparimitāyuḥ Sūtra*)、《阿彌陀經》(*Amitābhavyūha Sūtra*)及《無量壽經》(*Sukhāvatīvyūha Sūtra*)則稱之為淨土關；如研習《華嚴經》(*Avataṃsaka Sūtra*)則稱為華嚴關等（註三三）。

閉關之風在永明寺似甚為盛行，因創建人玄妙及現住持信定均曾閉關，玄妙和尚雖早已圓寂，但其數次閉關之事，至今仍為台灣佛教界人士所仰慕。據永明寺住持稱，彼受命為永明寺住持後，其師父玄妙專任內湖圓覺寺住持，一九四九年八月十一日，玄妙於圓覺寺坐般若關三年，於一九五二年八月十一日出關。其第二次閉關為期四年，自一九五三年八月十一日至一九五七年八月十一日止。總計玄妙於圓覺寺小室中足不出戶，閉關修持共七年之久（註三四）。在其第一次閉關時，玄妙曾完成一佛學書籍，名曰《滴水集》，甚為曉雲法師所推重（註三五）。

釋曉雲

在台灣佛教界中，釋曉雲之名字為多數人所熟知，彼於留學印度後，於一九五〇年返抵香港。在香港期間（公元一九五〇——一九六八年），曉雲曾創辦雲門學園（註三六）及佛光小學（註三七）。一九六八年香港暴亂時轉赴台灣，同時就任中華學術院佛教文化研究所所長及中國文化大學哲學及藝術教授（註三八）。自一九六八年至目前為止，除其本身之教學及研究外，尚在永明寺成立蓮華學佛園及創辦《中國佛教文化學報》，並刊行《原泉》及《清涼月》兩種刊物（註三九）。曉雲於未出家前即已從嶺南派大師高劍父習畫（註四〇）。

從曉雲學習者多習佛學及佛教藝術史，少數則隨其習畫，均為俗家女子及女尼（註四一）。曉雲所畫之水墨畫「一採靜中消息」為其傑作之一（圖七七），係以潑墨筆法為之，畫中無細筆及細心之安排，一切均於快速中完成，運筆無滯。

圖中面壁坐禪者之輪廓，係在簡單迅速之筆法下一氣呵成。當東方畫家作潑墨畫時，運筆須熟練敏捷，否則淋濕墨印易擴散，而使觀者難以辨認所畫者為何物，畫中坐禪者之線條輪廓，即係潑墨筆法靈巧運用之佳例。在此畫中，空間約佔全畫之一半，此種空間之利用，常使觀賞者具有開放及舒暢之感覺。畫中交叉對角線之佈局，亦使全畫之表現更為有力及更具吸引力，但無可諱言地，此畫最重要者為其所具之禪味與畫中所藏之深意。

註釋

註　一：與永明寺住持談話得知。

註　二：見《蓮華園記》（第二章，註三二），第三、四頁。

註　三：台灣佛寺中同時收容和尚及尼姑者，以佛光山規模最大。今日之永明寺僅收女尼，圓覺寺則僅收男性。

註　四：見《蓮華園記》（第二章，註三二），第三、四頁。據載一信徒於離台赴美前，將其住宅出售，所得之款捐作創建蓮華學佛園之基金。永明寺住持特為蓮華學佛園建一西式建築於佛寺之後。

註　五：「三雲」一詞係據永明寺住持所述。台中縣水里鎮蓮因寺之懺雲係台灣佛教僧侶中設立大專佛學夏令營之第一人，其後，其他佛寺方仿效之。星雲為佛光山住持，曉雲則為台灣女尼中唯一主持大專以上程度之研究機構者。

註　六：一九七五年夏，本文作者曾與甚多佛寺之僧侶晤談，多數均知曉雲其人，此等佛寺為基隆靈泉寺、台中玄奘寺、台南法華寺、高雄佛光山及宏法寺等。

註　七：見《蓮華園記》（第二章，註三二），第四七七頁。學生係來自全台各佛寺，第一屆（一九七一－一九七四）學生共有十一人，但僅六人獲准畢業。一九七四年，蓮華學佛園出版《蓮華園記》，共有五百五十二頁，內容多涉及佛學、文學、哲學等，作者均為園中學生，甚多文章頗具水準。

註　八：同前註，第四七七、四七八頁。甚多大專畢業女性在園中教基本英語。

註　九：如學生對雕刻有興趣，園中可請此方面專家教導。本文作者修碩士時之一位同學，曾於一九七一年在園中義務執教。

註一〇：曉雲稱，現代佛教僧侶必須學習各種一般實用技能，打字為其中一種。

註一一：在田間勞動於台灣佛寺中似甚風行，佛光山、慈雲寺、開元寺等均實行之。

註一二：見《蓮華園記》（第二章，註三一），第四七六頁。

註一三：同前註四。

註一四：見附錄四。

註一五：見第三章第三節，佛七與禪七部份。

註一六：甚多台灣佛寺係茅屋蛻變而來，台南法華寺係其中一例。見廢廬主人作（第三章第一節，註一一），第二三頁。據基隆靈泉寺僧人所述，靈泉寺於創建時亦係一茅屋。獅頭山海會庵住持亦稱，獅頭山之獅岩洞於日據時代創建亦為一茅屋。

註一七：《大乘義章》卷十二。

註一八：同前註。

註一九：Hugo Munsterberg, *The Arts of Japan* (Rutland, 1972), p. 39.唐招提寺係由唐朝名僧鑑真於公元七五九年所建，正殿之設計全係仿照唐朝式樣，所有設計及建築工程均由鑑真本人及其中國弟子負責。見美術出版社編《日本美術全史》（東京，一九五九），第五八頁。

註二〇：見梁思成著（第四章第一節，註五九），第一六頁。

註二一：見祁英濤作（第四章第一節，註三五），卷五，第七頁。

註二二：同前註。

註二三：Anil De Silva, *The Art of Chinese Landscape Painting* (N. Y., 1967), pp. 97, 224.

註二四：梁思成稱，在鴟尾未形成前，兩側之脊飾必有實際作用，即掩蓋木脊之兩端，使不受風雨損害，並使正脊之尾部牢固。見梁思成著（第四章第一節，註五九），第一六頁。屋頂之脊飾其後可能亦有裝飾之作用。脊飾一詞亦見於祁英濤作（第四章第一節，註三五），卷五，第七頁。

註二五：祁英濤作（第四章第一節，註三五），卷五，第七頁。

註二六：見辜其一作「四川唐代摩厓中反映的建築形式」《文物》第十一期（一九六一），第六二頁。據辜氏稱，在八世紀中葉，張口狀之魚嘴已出現，但無背獸。依本文作者之研究，張口魚嘴之出現可能係受印度馬克拉(Makara)（印度教中張口形似鱷魚之水神）之影響，僅有魚尾而無魚頭之鴟尾必在唐朝極為風行；唐慈恩寺塔石刻、唐招提寺正殿、及唐朝含元殿（一九五九至一九六〇年發掘）之鴟尾均為其例。關於唐朝含元殿之詳情，參閱傅熹年作「唐代大明宮含元殿之探討」《文物》第八期（一九七三），第三七、四七頁。

註二七：鴟吻亦可稱為正吻。梁思成稱，明清時代，鴟吻內係鉛，重者可達七千三百餘斤，故甚昂貴，鴟吻上樑時，尚有隆重儀式，包括迎鴟吻、拜鴟吻、供鮮花及披紅巾等。見梁思成著（第四章第一節，註六二），第一八〇、一八二頁。吳納孫(Nelson Wu)稱鴟吻作鴟尾顯係有誤，因在其圖片中係張口之鴟吻而非無口之鴟尾。見 Nelson WU, *Chinese and Indian Architecture* (N. Y., 1963),p. 45, Plate 142.

註二八：祁英濤作（第四章第一節，註三五），卷五，第七頁。

註二九：同前註，第七、八頁。

註三〇：所有有鴟吻之佛寺均係於一九七〇年代建造。

註三一：威爾治(Holmes Welch)稱：「閉關通常為三年。」見威爾治著（第三章第二節，註二七），第三二一頁。但在台灣並無一定限制，短可數月，長可至數年。

註三二：詳情見第三章第二節，註二七及威爾治(Holmes Welch)著，第三二二頁。

註三三：甚多僧侶多研究《般若經》，因般若為佛教徒追求之終極。

註三四：本文作者曾於一九七五年參觀玄妙閉關之小室，係在石造房屋之二樓，約十尺見方。

註三五：見《蓮華園記》（第二章，註三二），第四頁。

註三六：同前註，第三頁。

註三七：本文作者知曉雲法師曾創辦一佛教小學於香港，但不知其名，一九七四年於台美航線飛機上遇一研究生，據告彼係此一佛教小學畢業者，故方知其名。

註三八：曉雲法師僅於文化大學哲學及藝術研究所執教。

註三九：《佛教文化學報》係屬中華學術院佛教文化研究所，因其內容係純學術性者，與一般之期刊有別，故未為《二十年來佛教經書論文索引》所列入。

註四〇：有關高劍父事蹟見 Michael Sullivan, *A History of Chinese Art* (Berkerley, 1970), p. 261-262.

註四一：從曉雲法師學畫之仕女，有遠自美國與加拿大來者。

第五節　獅頭山

獅頭山座落於新竹縣與苗栗縣之間，因其山之形態甚似獅子（圖七八），尤以頭部為然，故以獅頭山名之。又因獅頭山上佛寺甚多，故亦稱之為「台灣佛地」（註一）。在日據時代前，獅頭山僅有一座佛寺（註二），其後，佛寺數量逐漸增多，時至今日，獅頭山已有九座主要佛寺（註三）。

自廣東省移來台灣之移民俗稱客家人（註四），多數均定居於靠山地帶，以地區而言，多居住於新竹及苗栗縣（註五）。獅頭山地區共包括大小型鄉村各二（註六），苗栗縣之南庄鄉為兩個大型鄉村之一，共有五座寺廟，均為佛寺（註七）；新竹縣之峨眉鄉為另一大型鄉村，共有九座寺廟，其中六座為佛寺（註八）。故以信仰言，居民信佛教者似較信仰其他宗教者為多。

四天王

台灣佛寺之面積多較中國大陸佛寺為小（註九），且甚多台灣佛寺無四天王堂之設置（註一〇）。因中國大陸之大型佛寺，如金山寺（註一一）與靜安寺（圖七九）等，均有四天王堂（註一二），故部份台灣佛寺乃仿效中國佛寺之規制，設置四天王堂，獅頭山之海會庵與台南之開元寺即為其例（註一三）。

海會庵係於一九二八年建立，但其山門與左側之西式建築則係於一九六一年建造（圖八〇）（註一四）山門內之四天王塑像於一九六九年方行增置（註一五）。四天王之名稱於《法華經》、《維摩經》（*Vimalakirtinirdeśa Sūtra*）與《四天王經》內均有提及（註一六），在《法華經》及《維摩經》內，其正式名稱為護世四天王（註一七）。舒伯(**Alexander Soper**)宣稱：在公元前二世紀中葉左右，佛教之護衛神塑像已開始出現（註一八）。彼續稱：「四天王堂」（註一九）通常座落於佛寺之第一幢或第二幢房屋，在中國六朝時代，似乎已有四天王堂之設置（註二〇）。舒伯雖稱在北周首都長安已有供奉四天王之專寺（註二一），但事實上，中國佛寺內設置四天王堂（非四天王寺）卻自唐代方正式開始（註二二）。

在四天王堂內，通常將彌勒佛塑像置於堂內中央，面對入口，彌勒佛像後則為一站立之韋馱塑像，面對正殿之入口；四天王塑像則分置於堂內左右兩側，分別面對中央之彌勒佛或東西兩方（圖八一）。以上之排置，可見於台南之開元寺及基隆之十方大覺寺等，唯後者無彌勒佛於堂中（註二三）。前述兩寺之四天王堂均係建立於國民政府時代。

四天王具有如下之兩種功能：㈠每月共有六天，必須親自或派遣使者至世間察考人類之行為道德，然後向其主人帝釋(Indra)報告（註二四）。㈡保護世界四大洲之人民（註二五）。此四天王之名稱為：㈠增長天王(Virūḍhaka)，主理南方。㈡廣目天王(Virūpāksa)，主理西方。㈢多聞天王(Vaiśrāvana)，主理北方。㈣持國天王(Dhṛtarāṣṭra)，主理東方（註二六）。

在中國佛教藝術中，中國人往往將中國之觀念或習俗摻雜於外來之印度藝術中，海會庵內之四天王塑像即為一例。最明顯之例子為四天王之面貌，以及所穿戴之中國將軍盔甲與靴子（圖八二、圖八三、圖八四、圖八五）。印度之特徵僅為四天王腳下之矮人與背後之環帶。更有趣者，即持國天王（圖八二）持一中國式寶劍，廣目天王（圖八三）持一中國式琵琶，增長天王（圖八四）持一雨傘，多聞天王（圖八五）持蛇及小環各一（註二七）。寶劍代表「風」（註二八），琵琶代表「調」，雨傘代表「雨」，蛇及圓環則代表「順」（註二九）。此種風調雨順之觀念可能與早期中國農業社會有關，因對農民而言，氣候是否調順關係極為重要，當風調雨順時，自然導致豐收，而豐收則為繁昌或萬事如意之象徵，因四天王係世界之保護者，且為人民之主宰，故中國人將各種不同之物品給予四天王，象徵在彼等之保護下可得調順之氣候（註三〇）。

石窟與石雕

獅頭山不但為台灣著名之佛地，同時亦為建築與雕鑿合而為一之佳例；如靈霞洞（圖八六）與金剛寺（圖八七）在基本形式上係屬石窟，但其形制又與印度之巴哈(Bhāja)石窟與克里(Kārli)石窟，以及中國之雲岡與龍門石窟有別。獅頭山之靈霞洞與金剛寺僅依山鑿洞，以穴洞為佛殿，並未如印度之巴哈、克里以及中國之龍門、雲岡石窟等之手法，在洞內以山石雕像、立柱或雕刻各種裝飾。靈霞洞正面入口處係以鋼筋水泥及磚砌造而成，並未穿鑿山石；其洞內之左右兩門（圖八八），亦係由上述建材造成。故整體言之，靈霞洞係石窟及現代建築之綜合體。金剛寺之正門亦係上述特性之另一例，如建造者僅利用現代建築材料作為裝飾，並未利用山石刻鑿洞內外，唯一之例外為正門上以山石刻鑿之「嘯石傳經」四字。正門左右支柱係科林斯(Corinth)式，由此可證在日據時期所建之台灣佛寺，甚多係受西洋建築之影響（註三一）。

在敦煌壁畫中，西方樂土情景及釋迦牟尼捨身為人之題材，甚為流行，但此等題材卻未在研訪過之台灣佛寺中發現（註三二）。獅頭山勸化堂有一石刻，描述死者被迎往西方極樂世界之情景（圖八九）。此一石刻係由整塊石板雕鑿而成，左上角係一手持詔書之阿彌陀佛使者，使者之下則有導引兩人，均手持旗幡，在前者之旗幡上有「接引西方」四字。在金橋上之三人係代表死者，雙手抱拳，作敬禮感謝狀，金橋兩側為「忠孝善良」四字，表示具備此種條件者方可至阿彌陀佛之西方極樂世界。金橋下有已開及待放蓮花各一朵，此等蓮花為至西方極樂世界死者靈魂托依之所，當死者臨終時，阿彌陀佛、觀音、大勢至及諸菩薩自天來迎，其靈魂即托依於彼等持來之一朵蓮花內，然後攜至西方樂土，當蓮花再開時，一新人即再生並免除輪迴之苦，但再生後仍須繼續聆聽諸佛說法，經過一段時間後，或成正果，或成菩薩，或成諸佛（註三三）。在此石刻中，阿彌陀佛、觀音及大勢至之形像並未出現，而以使者、導引及死者代替之，此種安排及景象與敦煌吾人所目睹之佛畫實大相迥異（註三四）。

註釋

註　一：見林衡道作「台灣的古剎名山」《台灣文獻》第十五期（一九六四），第二四三頁。獅頭山約海拔五百公尺，攀登約需三小時。

註　二：此一佛寺為獅岩洞，現尚存。據海會庵住持稱，清末期間，一佛教徒於現獅岩洞地址築一茅屋修行，一日忽見對面山頭有觀音形像顯現，彼深信此為激勵其修行之徵兆，故以己力鑿石為洞，即今獅岩洞之原址，現岩洞兩旁之樓房係日後逐漸增建。

註　三：獅頭山共有大小寺廟十八個，其中有極小者，亦有道觀及奉祀地方神靈者，唯多數為佛寺。除獅岩洞外，其餘之寺廟均係建於日據時代。見林衡道作（本節，註一），第二四一－二四三頁。

註　四：客家人多居於廣東省，其他各省亦有之。

註　五：台灣之高雄縣及屏東縣亦有客家人居住。

註　六：林衡道作（第三章第一節，註一七），第一〇七頁。

註　七：同前註。林氏列出寺廟及所祀神像之名稱。由其中發現四座佛寺供奉觀音，一座佛寺供奉地藏王，此為獅頭山佛寺中唯一供奉地藏王者。

註　八：同前註。九座佛寺中，四座佛寺供奉釋迦牟尼，其餘兩座供奉三佛，即釋迦牟尼、阿彌陀佛與藥師佛。

註　九：林衡道作（本節，註一），第二三八頁。

註一〇：台灣佛寺中有四天王堂者不多，基隆靈泉寺及十方大覺寺、以及台南開元寺均是。

註一一：威爾治(Holmes Welch)著（第三章第二節，註二七），第九頁。

註一二：其他規模較大佛寺有四天王堂者為山西崇福寺及熱河普寧寺等。見羅哲文作「燕北古建築的勘查」《文物》第三期（一九五三），第三八頁。盧繩作「承德外八廟建築」《文物》第十期（一九五六），第六五頁。

註一三：見第二章，註三〇。

註一四：據住持宣稱。

註一五：見第二章，註三〇。

註一六：見《法華經》「方便品」及《維摩經》。又見《四天王經》卷一。

註一七：同前註。

註一八：見舒伯(Alexander Soper)著（第三章第三節，註四），第二三二頁。舒伯稱：「巴赫(Bharhut)欄杆之局部……顯示佛教護衛者（像）已於當時出現。」

註一九：堂與專祀四天王之四天王寺有別。

註二〇：見舒伯(Alexander Soper)著（第三章第三節，註四），第二三四、二三五頁。

註二一：同前註。

註二二：舒伯將四天王堂與四天王寺混為一談，其實，前者僅為佛寺內第一幢或第二幢之建築。四天王寺係於六朝時建立（據舒伯稱，四天王寺係周明帝於公元五五九至五六〇年間下令所建），公元五九三年，日本人於大阪建四天王寺，但佛寺內之四天王堂於六朝時並未出現，據丁福保稱：《陔餘叢考》三十四曰：「按《談藪記》曰，唐天寶間，番寇西安，詔不空三藏誦咒禳之，忽見金甲神人，不空云，此毗沙門天王第二子獨健，往救矣。後西安奏捷，亦云西北有天王現形，勝之，朝廷因敕諸道立像，郎瑛謂，今佛寺有天王堂始此也。又《括異志》，宋建炎中敵將屠秀州，天王現於城上，大若數間屋，遂懼而引去，因建天王樓於城西北隅。」見丁福保著（第三章第二節，註八），第四六五頁。蘇爾慈(Soothill)與郝德士(Hodous)稱四天王係唐朝時不空(Amoghavajra)傳入中國之說，顯係有誤，因《宣和畫譜》中曾提及陸探微及張僧繇畫四天王像。見蘇爾慈(William E. Soothill)與郝德士(Lewis Hodous)著（第三章第三節，註五七），第一七三頁。四天王堂之設置在韓國似亦甚流行，因韓國部份佛寺亦有四天王堂。見 Evelyn McCune, *The Arts of Korea* (Rutland,1962), p. 287, 396, 397.

註二三：因海會庵規模不大，山門亦狹小，故四天王塑像僅五尺高，但較大佛寺，如開元寺及十方大覺寺，四天王像高達十五尺。

註二四：據《四天王經》之記載，帝釋(Indra)為忉利天（Trayastrimśās　即三十三天）之主人，統領四天王。每月八日及廿三日，四天王遣使者至世間考察眾生功罪；每月十四日及二九日遣其子，十五日及卅日則親臨世間，此六日稱為普剎達(poṣadha)即六齋日也。《大日經》卷一云，帝釋居於須彌山。據丁福保稱，須彌山位於四大海中，四大海中又有四大洲。見丁福保著（第三章第二節，註八），第七四八、七四九頁。

註二五：《長阿含經》(Dirghāgama)卷十八云：「東方天王名多羅吒，領乾闥婆及毗舍闍神將，護弗婆提人。

南方天王名毗琉璃，領鳩槃荼及薜荔神，護閻浮提人。西方天王名毗留博義，領一切諸龍及富單那，護瞿耶尼人。北方天王名毗沙門，領夜叉羅剎將，護鬱單越人。」《維摩經》「方便品」亦稱：四天王護衛眾生，使不受邪魔侵犯。

註二六：圓瑛著《阿彌陀經句解要義》（台北，一九五七），第一二四頁。

註二七：四天王手持之物，可見於台南開元寺、基隆靈泉寺及十方大覺寺等。韓國佛寺四天王所持之物與中國者完全相同。見 **C. A. S. Williams, *Outline of Chinese Symbolism and Art Motives* (Shanghai, 1932), p. 298.** 多聞天王手持者形似龍，但實際為蛇，圓環係表圓滿之意。

註二八：以手快捷揮劍，風隨即生。

註二九：見丁福保著（第三章第二節，註八），第七六五頁。無四天王堂之小型佛寺，有將「風調雨順」及「國泰民安」之對聯貼於門扉上，台北慈雲寺即為一例。

註三〇：中國民間崇拜之神靈，多有靈異傳說，如觀音及媽祖等。四天王中，以多聞天王與中國關係較為密切，其事蹟見本節註二二。

註三一：日據時代台灣所建佛寺受西洋建築影響之例有圓通寺、金剛寺、金龍寺等。

註三二：艾伯哈(W. Eberhard)研究台灣寺廟裝飾時，亦未發現有敘述釋迦牟尼自我犧牲故事之題材。見艾伯哈作（第四章第一節，註八一），第二五頁。

註三三：據《歧路指歸》解釋，西方樂土中之蓮花共分九種，即上上、上中、上下，中上、中中、中下，及下上、下中、下下。上上者於被攜至西方樂土後，短期內即可開放，較低者則需候較長時間。見戰德克著（第三章第二節，註六六），第四一、四二頁。威爾治(Holmes Welch)所稱：「高級者……如在班中之前座，可較易聽聞說法者所說……。」顯係有誤。見威爾治著（第三章第二節，註二七），第九〇頁。因蓮花分九等，故有些佛寺置九尊阿彌陀佛像以象徵之。日本京都之淨瑠璃寺即為一例。

註三四：敦煌第二九二號洞窟（C）有一壁畫描述西方樂土之情景，西方三聖（阿彌陀佛、觀音、大勢至）均有形像出現。見蘇瑩輝著《敦煌論集》（台北，一九六九），第一九六頁。第二〇五號洞窟（T）有一描述觀音手持香爐，接引亡者靈魂之壁畫。

第六節　玄奘寺

歷史

日月潭畔之玄奘寺，係於一九六四年因國民政府之命而建立，此寺為唯一受政府資助興建之佛寺，亦為唯一以供奉高僧玄奘為主之佛寺（註一）。

玄奘寺中藏有玄奘頭骨一片，此一頭骨於未來台前，原藏於日本。其頭骨發現之經過如下：一九四二年當日本人佔據南京時，日本學者與軍方合作發掘大報恩寺遺址，於地下發現一石匣，石匣上有玄奘遺骨之銘文，中有頭骨十七片（註二）。其後，此遺骨分為六份，分別藏於中國及日本（註三）。一九五二年秋季，世界佛教會議於東京舉行，中國佛教代表團與日本商談歸還玄奘頭骨之問題（註四）。一九五五年十一月廿五日，得日方之允許，將玄奘頭骨一片運抵台北，日方並有一五人代表團隨同護送（註五）。

玄奘之頭骨原係藏於現距玄奘寺不遠之玄光寺，其後，蔣中正總統建議修建專寺供奉玄奘遺骨，此即今日之玄奘寺。此寺與政府之間關係，可由寺內蔣中正總統及嚴家淦總統所贈之匾額見之（註六），此為台灣佛寺中唯一有此兩位總統書寫匾額之佛寺（註七）。

建築

玄奘寺有出入口三處，主殿居中並立於高台上（圖九十）（註八）。高台之四周各有一階梯，此四處階梯即表四方或四佛：中央大日佛(Vairocana)，東方釋迦牟尼佛(Śākyamuni)，南方寶生佛(Ratnasambhava)，西方阿彌陀佛(Amitābha)，北方不空成就佛(Akṣobhya)（註九）。將一單獨之主要建築物放置於庭院中央部份之配置，與六朝及唐朝最流行之平面配置迥不相同；六朝時係將寺塔置於中央，唐朝時則將寺塔分置於中央主殿前方左右兩側（註一〇）。此外，玄奘寺之配置與中國傳統及最流行之四合院式亦不相同。但吾人如查考敦煌一幅八世紀之壁畫，則可知唐朝時期已有將主殿置於庭院中央之配置（圖九一），唯似不如上述當時最流行之配置普遍（註一一）。玄奘寺倣造唐朝建築之特徵，亦可見於正脊兩端之鴟尾，以及遠較漢朝與六朝複雜之斗拱結構（圖九二）（註一二）。雙簷式兩層樓建築，至少在漢朝時即已出現（圖九三）（註一三），此種形式之建築至今仍為中國人所採用。敦煌一幅十世紀之壁畫（圖九四），以及河北獨樂寺觀音殿（九八四年建造）（圖九五）均為此種雙簷式兩層樓建築之例（註一四）。如吾人將玄奘寺正殿與獨樂寺之觀音殿相較，兩者均有類似之欄杆、走廊與懸於屋簷四角之銅鐘。此外玄奘寺同一形式之欄杆亦可見於前述敦煌十世紀之壁畫中（圖九四）。此種形勢之發展，可能與台灣佛像雕塑家模仿古代或前期佛像之風氣如同一轍（註一五），同時亦顯示國民政府在台灣社會及學校中所推行之「中華文化復興運動」，已有相當之影響力；此種運動對中國傳統之儒家思想與唐朝文化極為推崇（註一六），政府不但尊崇玄奘為傑出之英雄、學者與外交家，同時尚斥資修建玄奘寺，均為受「中華文化復興運動」影響之例（註一七）。

台灣新建佛寺之風格，雖然多數模仿古代中國傳統之建築式樣，但其建造之方法卻是現代化（註一八）。一九三四年，名建築家梁思成曾宣稱：中國建築之斗拱，已逐漸走向裝飾化，而非以實用為目的（註一九）。吾人如細察台灣今日之中國式傳統建築，彼之意見當極為正確，以台灣新建佛寺之斗拱而言，其建築材料係鋼筋水泥，斗拱並無實際支力作用，故已成純粹裝飾化矣。

玄奘寺之圍牆上覆以瓦（圖九六），類似之圍牆見於史籍最早者為北魏永寧寺（註二〇）。一般而言，中國屋頂之瓦面可分為兩部份：勾頭與滴水（圖九七）。勾頭為圓形瓦以固定瓦面之末端者，滴水則為半月形瓦緊接於兩個勾頭之間者，其主要作用在防止雨水流向牆上及木椽。玄奘寺勾頭上之法輪標幟，在台灣佛教徒及佛寺中極為流行，高雄佛光山山門勾頭上之法輪標幟即為一例（圖九八）（註二一）。據《止觀輔行》之記載：「輪具二義，一者轉義，二摧破義。」（註二二）轉者表示佛陀所說之法可轉入人心，如旋轉之車輪，不限於一定之地方或人民。智度論廿五解釋摧破之義曰：「其見寶輪者，諸災惡害皆滅，遇佛法輪，一切邪見疑悔災害皆悉消滅。」法輪之八支則表八正道，即正見、正思惟、正語、正業、正命、正精進、正念、正定。

一九六三年於北魏洛陽城所發掘之一號房址顯示，以蓮花作為瓦面裝飾之圖樣（圖九九），至少於六世紀時即已出現（註二三）。類似之圖樣可見於一九六三年於勝州榆林城發掘之唐朝建築物瓦當中（圖一〇〇）（註二四）。時至今日，玄奘寺仍用蓮花圖形作為牆瓦之裝飾，唯其圖形係置於滴水而非勾頭。上述將蓮花及法輪圖形置於瓦面之手法，即為台灣新佛寺倣效中國傳統古建築裝飾圖形之一例。但一些台灣藝術家，如慈雲寺與玄奘寺之建築及設計家等，仍為台灣佛寺設計某些新樣式，雖然一般而言，台灣佛寺仍深受中國古代傳統建築之影響。

雕刻

玄奘寺正殿內供奉之玄奘像（圖一〇一）係泥塑；左手持一梵文經卷，右手持一戒刀，背負之經架則係放置攜返之梵文經卷。此一玄奘像係敘述玄奘自印度攜經返國之情景，其模式顯係來自著名之歐陽竟無之藏畫（圖一〇二），彼於國民政府時代在中國大陸佛教會中為重要領袖之一（註二五）。玄奘手中所持之戒刀係半月形（如◗），戒刀原本用於割衣之用，因當印度古代僧侶出外旅行傳法時，衣角常為樹枝或野草所鈎掛，故攜戒刀以割衣（註二六），其後，戒刀成為佛教戒規之象徵，意指戒規如利刀，必隨時小心謹慎，如有疏誤，即如利刀傷身可損毀德行或修持（註二七）。

玄奘塑像兩耳所懸之大型耳環，可能係原像設計者對史實不明所致，因兩耳懸環係古印度僧人而非中國僧人之習俗（註二八）。十四世紀木刻玄奘像之複本

（圖一〇三）顯示，玄奘兩耳並無耳環存在，故按照中國僧人之習俗及十四世紀木刻像查考，中國僧人似應無兩耳懸環之像也（註二九）。

註釋

註　一：某些台灣佛寺將其歷代傑出住持或祖師之像，供奉於正殿側之堂殿中，如高雄宏法寺、台南竹溪寺等，但並無佛寺將上述高僧供奉於寺內正殿。

註　二：見秦孟瀟著《玄奘》（台中，一九七四），第一〇〇頁。將僧人之遺骸置於石匣或金屬匣內之習俗，於唐宋之間甚為盛行，一九六〇年江蘇省鎮江甘露寺之發掘，發現一石匣於塔基下，銘文之日期為八二九年。見江蘇博物館編《江蘇出土文物集》（南京，一九六二），圖一六二。一九七六年浙江瑞安慧光塔基下發現一北宋石匣，石匣內另有金屬匣，匣內盛有遺骸。見浙江博物館編「浙江瑞安北宋慧光塔出土文物」《文物》第一期（一九七三），第四八－五三頁。

註　三：一份藏於東京慈恩寺。見秦孟瀟著（本節，註二）第一〇〇頁。其餘五份分別藏於北京、南京、廣州、天津及成都。見《大公報》（一九五七年一月十四日）。文中未提及每份中之確實遺骸數目。

註　四：中華民國之代表為章嘉、印順、趙恆惕、李子寬與李添春。見秦孟瀟著（本節，註二），第一〇〇、一〇一頁。

註　五：玄奘寺二樓正中有一銅製寶塔，玄奘頭骨一片即貯藏其中。據負責玄奘寺寺務之僧人稱，此一頭骨僅係日人收藏玄奘靈骨中之一片。頭骨如深土黃色。在中國，除去玄奘在佛教中之崇高地位外，彼自唐朝時即被中國人目為英雄，當玄奘頭骨運返台北機場時，前往接迎之人數即有數千人。見秦孟瀟著（本節，註二），第一〇〇、一〇一頁。

註　六：蔣中正逝後，由嚴家淦以副總統身份繼任。

註　七：台灣甚多寺廟有高級官員書贈之匾額，但由總統書贈者，當以玄奘寺為第一。

註　八：玄奘寺平面圖左上方為僧人宿舍，正殿後為小山，此或為玄奘寺僅有三處出入口之原因。

註　九：四方有四佛。見丁福保著（第三章第二節，註八），第七六〇頁。

註一〇：一九七三年發掘之永寧寺證明佛塔係在全寺之中央。見中國科學院撰「漢魏洛陽城初步勘查」《考古》第四期（一九七三），第一九八－二〇八頁。舒伯(Alexander Soper)提及於五八五年在日本所建之佛塔。見裴尼(Robert T. Paine)與舒伯著 *The Art & Architecture of Japan* (Baltimore, 1960), p. 173。舒伯雖稱日本之四天王寺(Shitennōji)「係按照大陸之標準平面圖而建」（見舒伯與裴尼著，第一七三頁），但本作者認為：當時中國大陸之標準配置，應為北魏官方所立，並為第一大佛寺－永寧寺之配置。據上述之發掘報告，永寧寺之佛塔係位於佛寺之中心，《洛陽伽藍記》提及，當時之永寧寺牆有出入口四處，一佛殿位於佛塔之北面，故由記述觀之，似僅有佛殿及佛塔兩座建築，但日本之四天王寺卻多一幢建築，即佛殿後之講堂，故四天王寺之配置與永寧寺者仍有差異，由此可知，日本四天王寺之配置是否能代表當時中國大陸佛寺之標準配置，仍為一大疑問。由一九五九年至一九六〇年長安含元殿之發掘，吾人可知，將兩座佛塔或樓閣放置於主殿前方左右兩側之配置，至少於第七世紀即已流行。唐朝含元殿前獨立之二座樓閣即為此種配置之佳例。含元殿發掘之詳情，見傅熹年作「唐長安大明宮含元殿原狀之探討」《文物》第七期（一九七三），第四六頁。另兩例為日本之東大寺與藥師寺。

註一一：據蒐集之資料及圖片研究，在唐朝建築中，將主殿置於正中及將雙塔或雙閣置於主殿前左右兩側之配置甚為流行。

註一二：類似之鴟尾可見於永寧寺。

註一三：此種中國兩層樓建築之形式，極可能由漢朝之瞭望塔或樓閣演變而來。

註一四：雙簷兩層樓之建築於清代建築物中甚多。類似之建築物於清代繪畫中亦多見到，陳枚所繪之「清明上河圖」即為一例。

註一五：作者晤談當時佛光山負責設計之翁重山時，見其模型甚多係自書中而來（翁氏桌上放置甚多印有畫像或塑像之書籍，其中有唐代及日本奈良時代塑、畫像之圖片）。部份台灣佛像雕塑家除自其師父習藝外，似尚於書中蒐集資料。據作者所知，在台習中國建築或中國建築史者甚少，某些在台灣出版之建築書籍，仍在重複一九二〇年代中國建築家所撰之書籍或理論，故甚易使台灣之建築家走向複製或模倣之路。

註一六：自國民政府撤退台灣後，政府即積極推動中華文化復興運動，在中學及大學教材中，儒家思想及學說必為學生所研讀。在有關中國文學、文化及政治教科書中，對唐朝部份，尤其是唐太宗時期之各種建樹，皆甚為稱許。中華文化復興委員會初成立時，蔣中正兼任主任委員，副總統則兼任副主任委員，各委員均係政府高級官吏或社會名流。

註一七：見秦孟瀟（本節，註二），第一—三頁。

註一八：最佳之例子為佛光山之觀音殿、松山寺與慈雲寺等，所以之建材大部份以鋼筋、水泥為主，包括斗拱、支柱、簷椽等，但其外形仍模仿中國木造佛寺。

註一九：見梁思成著（第四章第一節，註五九），第一二〇頁。梁氏所提斗拱之變化為：㈠斗拱之形態逐漸變小。㈡斗拱結構日漸複雜。㈢初期（漢、魏、唐）斗拱與屋簷間之距離甚長，其後兩者間之距離逐漸縮短。換言之，後期斗拱與屋簷之距離，使支柱之長度較前為長。

註二〇：見《洛陽伽藍記》卷一。

註二一：有兩種圖形在台灣佛寺及佛教徒中甚為流行，一為蓮花，一為法輪。甚多台灣僧尼外出時身負一布袋，布袋上多有法輪標幟，一些佛寺，如海會庵與彰化之萬佛寺等，甚至將法輪標幟置於主殿或山門之屋頂。

註二二：《止觀輔行》卷一。

註二三：發掘時，發現五十餘片瓦當上均有蓮花圖形。見中國科學院撰「漢魏洛陽城一號房址和出土的瓦當」《考古》第四期（一九七三），第二〇九—二一七頁。

註二四：見李作智作「隋唐勝州榆林城的發現」《文物》第二期（一九七六），第七七、七八頁。

註二五：有關歐陽竟無事蹟及其在中國佛教界之地位，見陳榮捷著（第三章第二節，註二七），第五七頁。

註二六：《釋氏》要覽卷二。

註二七：同前註。

註二八：《玄應音義》卷廿提及古代印度帝王以金銀製造所戴之耳環。據本作者所知，無文獻或圖片顯示中國古代佛教僧侶有戴耳環者。

註二九：此一玄奘木刻像係一九五九年公諸於世。見西安博物館編《西安歷史遺蹟與文物》（西安，一九五九），圖二七。據玄奘寺負責僧人稱（住持係由名僧道安擔任），歐陽竟無所藏之玄奘像，係由一日本婦女所繪。無文獻證明玄奘係戴耳環者。

第七節　開元寺

歷史

開元寺位於台南市內，在台灣佛寺中，開元寺為豪華別墅改為佛寺之一例（註一）。一六八〇年鄭成功之子鄭經下令修建別墅作為居遊之所，所稱為洲仔尾園亭（註二），即今之開元寺前身。鄭經卒於一六八三年（註三），故僅享用甚短時間，其後，此一別墅即被廢棄。清朝期間，台灣總兵王化行倡議將此別墅改為佛寺，一六九〇年開始改建修繕，翌年完成（註四）。

改建後之佛寺名稱為海會寺(註五),王化行於「始建海會寺記」碑文中曰:「……佛法雖大,王法衛之……故凡天下梵剎,皆賴士大夫護持……。」由其所述,可知政府及知識份子與佛寺間之密切關係,及對於佛寺之影響。據盧嘉興氏之研究,海會寺亦稱開元寺(註六),為清代台灣最大之佛寺(註七)。

海會寺曾一度改為榴禪寺,後又改為海會寺及海靖寺。一八五九年,海靖寺正式改為開元寺至今(註八)。據紀錄所載,開元寺於清代最少大修六次,其中五次修繕費用之捐獻者為在台之政府高級官員(註九),捐獻之動機,似以政治因素為主因之一。台灣總兵哈當阿,為第四次修繕時之主要捐獻人之一,於「新修海靖寺碑記」中稱:「……因念台為海疆重鎮,而南人尊神,斯寺所以安神像也。今茲之修行,將仰荷神力,指引迷津,俾林無伏莽,海不揚波,愚頑者向化,跋扈者斂跡……凡予所收之意蓋如此。」(註一〇)

據開元寺之背景及資料顯示,下述兩種因素可能係使台灣高級官吏對開元寺特加照顧之原因:(一)在台北未成為台灣省會前,台南為政治、文化及經濟之中心。由於開元寺之特殊背景、面積及地點,此寺甚為政府及高級官吏所注目,尤以利用宗教以達到政治之目的向為清廷之基本政策。(二)開元寺自始即與政府及政府官員間有密切之關係,與龍山寺信徒中以平民及商人為主之情況並不相同,如政府不加支持，此一台灣最大佛寺即有被廢棄之虞，故無論開元寺之歷史背景或政治之原因，皆使政府官吏決定盡最大之努力以維護之。

在日據時代，開元寺最少有三次大修，即一八九五年、一九〇八年及一九三二年（註一一）。在國民政府時代，主殿於一九五〇年重修，觀音殿則於同年重建。一九六六年又新建靈骨塔。此寺在台南為最大佛寺，在台灣則為著名大佛寺之一。

住持與福建之關係

自開元寺創建至一九六〇年代，共有十二位住持（註一二），但部份住持之背景無資料可查，可考者僅有傑出之住持六人：

㈠志中——為首任住持，福建泉州人，自江西來台，曾住福建泉州之承天寺數年。

據稱志中為台灣佛教僧侶中首開閉關三年之第一人，其閉關之動機在勸募基金以鑄開元寺之銅鐘（註一三）。所有清廷在台高級官員之姓名均鑄於銅鐘上，此一銅鐘被認為係第一個在台鑄造之銅鐘（註一四）。

㈡勞芳——為第五任住持，台灣鳳山人。受戒於福建鼓山湧泉寺，精書畫及武術（註一五）。

㈢玄精——為第六任住持，台灣嘉義人。未任開元寺住持前，曾受戒於福建鼓山湧泉寺，其後轉至泉州海印寺（註一六）。

㈣傳芳——為第七任住持，台灣台南人。第六任住持玄精之師，受戒於鼓山湧泉寺。來台前曾住持泉州之崇福寺及承天寺（註一七）。

㈤得圓——為第九任住持，台灣嘉義人。玄精之徒，曾往湧泉寺學佛一年（註一八）。

㈥眼淨——為第十二任住持，台灣台南人（註一九）。曾學佛法於普陀山、廈門及日本（註二〇）。

據以上之資料，在六位住持中，除第一任住持外，均為台灣人，同時，六人於未任開元寺住持前，均曾學佛於湧泉寺或福建省。故中國大陸，尤其是湧泉寺及福建省，對開元寺之強烈影響甚為明顯。

建築

據張湄所作詩之描述，鄭經所建之別墅應為兩層樓建築，在一七四二年時已大部毀廢（註二一）。由上述建築之形式及台南現存之赤崁樓（原由荷蘭人所建，後於鄭氏時代及清代均加修繕）觀之，樓閣式之兩層建築於鄭氏時代似甚為流行（註二二）。現在開元寺之配置（圖一〇四）係一四合院式，其殿堂之配置安排係仿效中國大陸之大型佛寺，尤其受清代佛寺之影響甚大，因除主殿外，開元寺尚有四天王殿及山門，此種排列及層次，為大陸大型佛寺常具之規模，更大者尚在上述四座建築物外另加一座或一座以上之建築物（註二三）。清代乾隆下令興建之熱河承德八大寺中之普樂寺，即有類似之配置：有山門、四天王殿及正殿等（註二四）（圖一〇五）。其他類似者尚有上海之靜安寺（圖七九）與山西稷山之青龍寺等（註二五）。

開元寺之配置可能係受下述因素之影響：㈠開元寺之第一任住持與多數之繼任住持，均與中國大陸有密切之關係，故大陸佛教名剎之規模及配置已為彼等深入腦海。據《福州指南》一書所述，湧泉寺之第一幢殿堂係供奉彌勒佛；第二幢殿堂供奉釋迦牟尼；第三幢殿堂稱為圓通寶殿（註二六）。在中國佛教中，圓通為觀音別名之一，亦稱圓通大士（註二七），故圓通殿即觀音殿也。在中國佛寺之四天王殿內，彌勒佛像居中，故有時亦稱之為彌勒殿（註二八）。吾人如將開元寺之配置排列與湧泉寺者相較，可謂並無二致。㈡倡議將別墅改建為佛寺之王化行，係陝西人（註二九），大陸佛寺之一般配置可能為其心目中標準形式，故將之呈獻於建寺之設計者。

開元寺建築之正脊係彎曲者，且垂脊亦上翹，為中國南方式屋頂及受福建建築影響之佳例，開元寺之山門（圖一〇六）即為其中一例。部份台灣佛寺以如意珠或舍利塔象徵釋迦牟尼，如龍山寺即是，但在開元寺山門正脊上，僅有一舍利塔，裝飾亦較樸素，同時亦無如龍山寺垂脊末端之龍尾，此種差異，代表純粹性佛教佛寺及混有地方性信仰之佛寺，在裝飾上之不同。與開元寺類似之屋頂形式可見於台南市之法華寺，此寺係創建於十七世紀（註三〇），其側門屋頂之正脊及垂脊即為一例（圖一〇七）。開元寺及法華寺之屋頂，可代表清代台灣純粹性佛寺在當時之流行式樣。

據住持稱，開元寺之觀音殿係建於一九六三年。為一中西合璧之兩層樓建築。在二層樓屋簷下有六個無實用性質之支架作為裝飾（圖一〇八）。台灣佛寺建築家或設計者之新手法，可見於中間四個支架之裝飾上；一為手握蓮花，二為手握佛經，三為手握寶劍，四為手握金剛杵(Vajra)。此種設計均為古代佛寺裝飾中未見者。觀音殿之左側，有一紀念南山律宗創始人道宣之南山堂（註三一）。開元寺屬禪宗中之臨濟支派（註三二），但仍尊崇道宣對中國律宗之貢獻（註三三），此為證明今日台灣佛寺中並無宗派門戶之見之另一例證。

唏將與哈將

開元寺及彌陀寺為台灣佛寺中少數在山門兩側設有護衛塑像者（註三四），因上述兩佛寺均創建於清代，故在佛寺山門兩側設護衛塑像之風氣，似在清代甚為流行（註三五）。開元寺山門左側，面向東方之護衛稱為唏將；山門右側，面向西者稱為哈將（註三六）。

中國之唏將係由印度之那羅延那（***Nārāyana***，或稱那羅延天）而來，哈將則自哇加巴里（**Vajrapāni**，或稱金剛手）而來（註三七）。那羅延那雖為威士留（**Vishnu**，或稱毗紐天）之化身，但在中國之地位卻為力士之一（註三八）。唏將為印度婆羅門教（**Hinduism**，或稱印度教）與佛教互相混雜例子之一，因《大日經疏》曰：「毗紐天有眾多別名，即是那羅延天別名。」（註三九）據《寶積經》(***Ratnarāśi Sūtra***)稱，金剛手即金剛力士（註四〇）。在中國，佛寺之力士代表所有之夜叉(**Yakṣhas**)（註四一）。據唐朝義淨所譯之《毗奈耶雜事》所載，將夜叉像置於佛寺入口兩旁之配置，可能在釋迦牟尼時即已有之（註四二）。

註釋

註一：此為台灣佛寺中由住宅改為佛寺之另一例。捨宅為寺之風於洛陽伽藍記卷一、二、三中均常見之。

註二：此之別墅之別稱甚多，如承天府行台、北園別館等。見盧嘉興作（第三章第一節，註一九），第一九頁。

註三：同前註。

註四：同前註，第二三頁。修募之款似多係政府官員私人所捐，因資料提及此等官員捐其部份薪水作修寺之用。

註五：此等石碑現仍存於開元寺內，碑上有海會寺之名，撰著者為王化行。

註六：盧嘉興作（第三章第一節，註一九），第二五頁。

註七：在佛光山未建立前，開元寺為台灣規模最大佛寺。

註八：盧嘉興作（第三章第一節，註一九），第二四、二五頁。

註九：六次修繕之年代為一六九〇年、一七四九年、一七七七年、一七九七年、一八五九年、一八六四年；僅最後一年修繕由榮芳主其事。見盧嘉興作（第三章第一節，註一九），第十九－二六頁。又見盧氏所作第二部份，刊於六月二五日同雜誌卷二八（一九六七年），第二七－三〇頁。

註一〇：此一石碑仍存於開元寺，捐獻者之姓名均於文末列出，大部份為政府官員。

註一一：盧嘉興作「北園別館與開元寺」(二)《古今談》第二八卷（一九六七），第二七－三〇頁。

註一二：開元寺現任住持為女尼，但在一九六〇年代前之住持均為男性。

註一三：見盧嘉興作（第三章第一節，註一九），第二二、二三頁。當志中閉關時，其徒代理住持之職務。志中之閉關顯示除個人修練外，閉關尚可有特定之目的。志中之肖像現仍存於開元寺。

註一四：盧嘉興作（第三章第一節，註一九），第二三頁。

註一五：見盧嘉興作（本節，註一一），第二七頁。

註一六：同前註。玄精未削髮前為道教信徒。

註一七：同前註。第二七、二八頁。

註一八：同前註。第二九頁。

註一九：其時眼淨為竹溪寺住持，但仍兼任開元寺住持，故一寺住持兼任他寺住持之風，在台灣似甚為流行。台北之圓通寺及圓覺寺均為其例。本文作者於一九七五年訪竹溪寺時，眼淨為該寺住持。

註二〇：中國四大名山中，普陀山為觀音菩薩之道場。據稱普陀山約有三百餘座佛寺。見余我作「普陀山紀遊」《暢流》第十期（一九七七），第二九、三〇頁。

註二一：張湄詩中提及原來之樓閣為一幢三層樓建築，但部份已被夷平為花園。張湄之詩寫於一七四二年，其時，所述之樓閣多已殘破。今日之開元寺當無三層樓建築。

註二二：現台南赤崁樓為中國式樓閣，甚多清代之石刻碑文仍保存至今，樓閣之式樣似可溯至清代早期建築。

註二三：除山門、天王殿、佛殿及觀音殿外，崇福寺尚有彌陀殿於佛殿後，天王殿後則為藏經樓。見羅哲文作（第四章第五節，註一二），第三八頁。

註二四：此寺建於一七六六年。見盧繩作（第四章第五節，註一二），第五九、六一、六四、六五頁。

註二五：見祁英濤作（第四章第一節，註五六），第七七頁。

註二六：見鄭別駕著《福州指南》（上海，一九三五），第二三五頁。鄭氏稱湧泉寺座落之鼓山有一巨石於山頂，其石如鼓，故稱之。據稱湧泉寺之原址係一茅屋建築，為唐朝僧人所建。由上述記載觀之，建茅屋修行之事在古代福建及台灣均甚流行；獅頭山之獅岩洞、基隆靈泉寺及台南法華寺等均是。

註二七：丁福保著（第三章第二節，註八），第二三三四頁。

註二八：如開元寺之天王殿亦稱彌勒殿。見盧嘉興作（本節，註一一），第二九頁。

註二九：見盧嘉興作（第三章第一節，註一九），第二二頁。

註三〇：法華寺原係由一修行俗人之茅屋蛻變而來。一六八三年茅頂改為瓦頂，但至一七八〇年方正式成為佛寺，其後，多數之支助者均為政府官吏，情形與開元寺頗為相似。

註三一：道宣（五六九至六六七年）屬律宗，甚多律宗之書籍係由道宣所撰，因其居於終南山，故其所立理論稱為南山律宗，為南山律宗之祖。彼曾協助玄奘翻譯梵文經典，《廣弘明集》即其所撰。見黃懺華者（第三章第二節，註三二），第一七九、一八〇頁。

註三二：見盧嘉興作（本節，註一一），第二八頁。

註三三：除廣弘明集外，甚多書籍均係其所撰，如《續高僧傳》等。

註三四：本文作者於一九七五年訪台南彌陀寺時，全寺正在重建中，舊建築已無跡可尋。新建山門兩側有唏、哈二將塑像，唯方完成雛形。開元寺之唏、哈二將亦在修飾中，故無法拍照。

註三五：據二寺住持稱，山門之唏、哈二將於清代即已有之。
註三六：據彌陀寺住持所言。
註三七：唏、哈二將前之英文說明稱彼等係那羅延那及哇加巴里。兩者均係坐姿並手持金剛杵。
註三八：《法華義疏》卷一二稱，力士即那羅延天，強壯而有公義。
註三九：《大日經疏》卷一〇。
註四〇：《寶積經》卷四九。
註四一：丁福保著（第三章第二節，註八），第一九〇六頁。
註四二：《毗奈耶雜事》卷一七。文中宣稱：「給孤長者，施園之後，作如是念，若不彩畫便不端嚴，佛若許者，吾欲莊飾……佛言，長者於門兩頰，應作執杖藥叉。」

第八節　佛光山

歷史

佛光山原稱麻竹園，位於高雄縣之大樹鄉，建立於一九六七年五月一六日（註一）。其主要之建築為觀音殿、朝山會館與佛教大學，規模為台灣佛寺中最大者（註二），建寺之費用多為信徒所捐獻（註三），為台灣佛寺建立於一九六〇年代及一九七〇年代之代表者（註四）。

附屬佛寺與機構

一、附屬佛寺

佛光山之附屬佛寺為高雄市之壽山寺及宜蘭市之雷音寺，均建立於一九六〇年代，創立者為佛光山住持星雲（註五）。

二、機構

佛光山附屬之機構可由三方面論之，即教育、社會救濟及出版。

(一)教育——

(1)佛教大學：學生多為高中畢業生，亦招收俗家弟子，共有廿五科系（註六）。

(2)佛學院：學生須修畢初中課程方得入學，為佛教大學之預備教育（註七）。

(3)初級佛學院：學生須小學畢業，修畢業初級佛學院課程後，學生可請求入佛學院就讀（註八）。

(4)沙彌學園：招收八至十五歲之幼童研修佛法（註九）。

(5)幼稚園：共有幼稚園兩所，即高雄縣之普門幼稚園及宜蘭市之慈愛幼稚園（註一〇）。

(6)大專學生夏令營：始於一九六九年，每年均舉辦（註一一）。

(二)社會救濟——

(1)普門診所：對病患不收費用，基金係由信徒所捐獻（註一二）。

(2)仁愛救濟院：約有五十餘個老年人及赤貧者居於院內（註一三）。

(3)大慈育幼院：約有卅四個孤兒住於院內，基金係由信徒所捐獻（註一四）。

(4)佛光養老院：有一百廿個臥房，供老年人養老之用（註一五）。

(三)出版——出版《覺世》旬刊，每十日出版乙次，始於一九五七年（註十六）。

另有佛教文化服務處，專門出版佛經及有關佛教書籍（註十七）。

建築

佛光山觀音殿之屋頂為歇山式，並有雙簷（圖一〇九）。據敦煌壁畫中之建築物觀之，歇山式屋頂至少於北魏時即已流行（圖一一〇）（註一八）。在台灣佛寺中，此種形式之屋頂，似至少於日據時代即已開始風行至今；如龍山寺之觀音殿、圓通寺正殿、慈雲寺正殿與玄奘寺正殿等，均為歇山式（註一九）。一九五〇年代至一九七〇年代中，歇山式屋頂尤為盛行於台灣佛寺中，甚多台灣之新建佛寺，如慈雲寺、松山寺、玄奘寺及八卦山佛殿等，均屬於此式（註二〇）。佛光山觀音殿正脊兩端之明、清式鴟吻或正吻，與故宮太和殿及明朝永樂帝（一四〇三至一四二四年）陵墓建築之正吻亦係屬於同一形式（註二一）。

佛光山觀音殿之屋瓦，為中國建築大式屋瓦之一例。一般言之，中國屋瓦可略分為兩種：㈠大式—使用大型瓦於屋頂，屋簷末端處有勾頭及滴水（註二二）。當採用大型瓦時，多數均有正吻於正脊兩端，在垂脊角簷處並有走獸。㈡小式—使用小型瓦於屋頂，無正吻及野獸作為裝飾（註二三），如永明寺正殿等。一般而言，大型瓦多用於宮殿、寺廟、官衙、高級官員住宅或其他重要建築物；小型瓦則多用於小型建築、平民住宅等（註二四）。據中國建築之傳統習慣，大型瓦屋頂垂脊或戧脊之野獸數目應為單數（註二五），北京太廟正門瓦面垂脊上之野獸數目（圖一一一）即為一例。但詳加究之，此種傳統習慣對某些建築物而言，並非絕對不變者，因北京太和殿屋頂戧脊之野獸共有十個，而高雄佛光山正門瓦頂之野獸（圖一一二）僅有兩個。據中國建築師之習俗，在野獸前必有一仙人，仙人後則依次為龍、鳳、獅、麒麟、天馬、海馬、魚、獬、吼、猴（註二六）；在最後一個野獸後，應有一獸頭稱為垂獸（註二七），同時，在簷角下必有另一獸頭，稱為套獸（註二八），台北碧潭大佛寺之屋頂即為一例（圖一一三）。如吾人將佛光山山門之瓦頂及大佛寺之瓦頂作一比較，前者並無垂獸及套獸。此種現象顯示：㈠將野獸塑像置於屋頂垂脊或戧脊上之裝飾，係中國建築之傳統習俗，此種習俗最遲於宋代即已有之，並甚為風行（圖一一四），但與佛教並無關係（註二九）。此種習俗證明台灣及中國大陸之佛寺建築，深受中國傳統建築之影響。㈡中國傳統建築之習俗並非不可改變者，部份建築並未完全跟隨傳統建築之手法或裝飾，勾頭上之法輪圖案及無垂獸與套獸之手法均為其例。

佛光山之全部建築物均為鋼筋水泥所造，支柱、斗拱等均無如木造建築物之實際作用。今日台灣佛寺建築似有重裝飾而不重實用之趨勢。如佛光山正門兩側關閉之門扉並非真正之門扉，而係以鋼筋水泥與磚所造之假門（圖一一二）。類似之手法可以佛光山朝山會館正門兩側見之。佛光山之山門有一與其他寺廟不同之特殊名稱，此門稱之為「不二門」，意指此為獨一無二之法門也（註三〇）。法輪之圖幟又於門上方之橫梁見之，此為法輪在台灣佛寺流行之另例。

佛光山最引人注目之建築物為位於「不二門」後之朝山會館（圖一一五），但亦為此一模倣中國傳統建築之佛寺最不調和之建築。朝山會館上之五座亭狀式建築可能係模倣印度蒙哥(Moghul)王朝之回教建築，最佳之例為十七世紀在德里(Delhi)紅堡(Red Fort)所建之建築（圖一一六）（註三一）。佛光山之模倣印度教式建築，而不論此種建築式樣是否適合於佛教寺院，可能係肇因於佛光山住持星雲大師觀訪印王沙即漢(Shan Jehan 1605-1627)皇宮之行（圖一一七）（註三二）。此種錯誤形式之造成，可能係佛光山決策者不明所設計之亭狀建築係印度回教建築所致（註三三）。

雕刻

台灣佛寺之流行建造巨型佛教塑像，始於一九五六年（註三四）。台灣最早之巨型佛像係於一九六一年在彰化八卦山竣工（圖一一八），並立即遠近聞名（註三五）。其後，甚多巨型佛教塑像相繼於各處建立（註三六），佛光山之巨像（圖一一九）即為一例。

佛光山之釋迦牟尼佛像係由鋼筋水泥所造，此為現代台灣製造佛像及佛寺之主要材料。此一佛像面帶微笑，高一百二十尺，多數台灣佛像之特徵，如寬闊長方型之面部及小嘴，在此均可見之（註三七）。類似之特徵亦可見於高雄市宏法寺正殿之佛像（圖一二〇）等（註三八）。

在佛光山巨佛附近，有甚多佛像候待安置（圖一二一）（註三九），在此群佛立像中，所有佛像均係同一姿態及風格，為台灣佛像以模型製造及大量生產之一例（註四〇）。據佛光山負責佛像雕塑之翁重山稱，此種佛立像之主要材料係水泥及玻璃纖維，一個未完成之天王像即係使用此種材料製造而成（註四一）。此一天王像之造型係淵源於唐代，類似之臉型、睜大之雙目、張大之口部及緊縐而上揚之雙眉，均可於日本奈良東大寺內執金剛神像（圖一二三）見之（註四二），此為台灣一些佛像雕刻家從事倣造而非創造之另一例（註四三）。台灣佛像雕刻家自日本倣效中國唐代風格佛像之原因，可能係由於原存於中國大陸佛像資料及造型之不易獲得，另一方面亦可能由於台灣現存之造型已無法滿足急速發展之需要（註四四）。在上述可能情況之下，基於日本與台灣間之密切貿易關係，以及日本出版業之興盛，某些缺乏足夠經驗與創造力之台灣佛教雕塑者，可能甚易自日本獲取此方面之資料及佛像之造型，而從事倣造或複製之工作，雖然日本多數之傑出佛像均係源自中國或受中國之影響（註四五）。

佛光山觀音殿中，有無數置於龕內之小型觀音像（圖一二四），此種小型觀音像均係同一模型所造且係塑膠製品（註四六），此為佛教雕塑家使用模型從事大量生產之另一例。一九七〇年代的台灣，除建造巨型佛像甚為流行外，設置小型萬佛像及萬尊觀音像亦於部份佛寺中流行；台北市之華嚴蓮社於一九七五年所設立之萬佛堂即為一例（註四七）。台灣台南市竹溪寺於一九三四年於寺內所繪之一百零八尊佛像，可能為今日萬佛在台灣流行之發軔（註四八），但早期之例當為敦煌、雲岡及龍門之萬佛龕（註四九）。

觀音殿內供奉之觀音像高十八尺，係白色人造石所製（註五〇）。觀音頭上之髮型及裝飾必自十一世紀一直流行至今日，日本大東禪寺(Daitoku-ji)所存，傳為牧溪所繪之觀音像（圖一二五）為一例證。另一例子為早期清代福建省所製之白瓷觀音像（圖一二六）（註五一）。如吾人將上述之三尊觀音像作一比較，不難發現非僅髮飾無多大改變，即衣飾亦是如此，難怪舒伯(Alexander Soper)稱：談及中國佛教雕刻「自十一世紀至十三世紀末葉可為發展過程中最後一個重要時期，在此期間內之風格延伸至十四世紀，但並無新的表現及在藝術上有特殊之意義。」（註五二）佛光山觀音殿內觀音像之風格顯示仍然為宋代觀音造像之延伸（註五三）。此一現象或許可說明為何宋代以後之佛教藝術，如與宋代以前時期相較，為某些研究中國藝術者所忽視之原因。

大部份台灣佛寺中之觀音，如佛光山及基隆之觀音巨像，均著白衣。據《涅槃經疏》(*Commentary on Nirvāṇa Sūtra*)稱，穿著白衣為印度之風尚（註五四）。

《大白經疏》(*Commentary on Mahāvairocana Sūtra*)則稱「白者即是菩提之心」（註五五），故觀音之白衣與印度風俗及佛教均有關連。雪曼李(Sherman Lee)以觀音之衣著而稱之為白衣觀音顯然有誤（註五六）。據《大日經疏》稱，白衣觀音之梵名為半拏囉嚩悉寧(Pandaravasini)，譯云白處，襲純素，左手持開敷蓮花（註五七）。佛光山之觀音雖係身著白衣，但右手執瓶，左手執柳枝，與《大日經疏》中所言之白衣觀音不同，正確之名稱應為楊柳觀音（註五八）。楊柳象徵純淨，淨瓶則表示潔淨去垢（註五九）。觀音像係長方形面型，嘴部甚小，此種特徵於其他佛寺之佛像中亦可見之。水泥及玻璃纖維不僅為造立像之主要材料，同時亦被應用於浮雕（圖一二七），浮雕之造形係據圖樣而來，或由塑工之師父，或由塑工本人所繪，然後塑工按圖所繪，先塑一雛型，再逐漸修改，當全部乾燥後，即將浮雕移至應坐落處（註六〇），故一般而言，佛光山佛像雕塑者製造佛像及塑製浮雕之方法遠較使用石質及木質者為易。在佛光山工作之佛像雕塑者係由一較著名之佛像雕塑者領導，其成員分別來自下述三方面：㈠領導者之門徒。㈡領導者之子或親戚。㈢領導者僱請者。

註釋

註　一：佛光山有一廿年之「五年計劃」，第一次及第二次「五年計劃」已經完成，現行者為第三個五年計劃。據佛光山本身之估計，當第四個「五年計劃」完成後，可容五千人之居住。見佛光山（第二章，註二八），第八一—八五頁。

註　二：佛光山佔地約七百六十英畝，由於發展之迅速與信徒之大力支持，住持星雲大師在台北市購置樓房一幢，並在彰化市設立賓館，以接待前往佛光山參佛之信徒。每逢星期五，有一巴士自台北開往佛光山。見《佛光山》（第二章，註二八），第七七—七九頁。

註　三：當佛光山初建時，星雲曾捐出儲蓄及財產供作興建之用，但多數建寺費用係由信徒所捐助。見《佛光山》（第二章，註二八），第七八、八一—八五頁。

註　四：佛光山之觀音殿係完成於第一個「五年計劃」（一九六七—一九七二）之內。不二門及迎賓會館係完成於第二個「五年計劃」（一九七三—一九七七）之內。見《佛光山》（第二章，註二八），第八一—八三頁。

註　五：壽山寺係星雲於一九六三年所建立。雷音寺之歷史可溯至清代，但係星雲於一九六三年所重建。見《佛光山》（第二章，註二八），第七五、七六頁。

註　六：佛教大學係創立於一九七三年。見《佛光山》（第二章，註二八），第五三頁。有關課程及科系請閱附錄五。

註　七：開始時係一佛學院，部份畢業者已有在外國獲碩士學位者。見《佛光山》（第二章，註二八）第五五頁。

註　八：《佛光山》（第二章，註二八），第五六頁。

註　九：據政府之規定，幼童須獲父母之准許方能入學，所有費用均由佛光山負擔。見《佛光山》（第二章，註二八），第五七頁。

註一〇：《佛光山》（第二章，註二八），第五八—五九頁。

註一一：《佛光山》現為台灣規模最大之佛寺，故參加夏令營之大專學生亦為各佛寺夏令營中人數最多者。見《佛光山》（第二章，註二八），第六〇頁。

註一二：《佛光山》（第二章，註二八），第六七頁。

註一三：救濟院原為基督教人士於一九六二年所創立，一九六七年交由佛光山辦理，院長及行政人員均為女尼，在中國佛教史上，此為女尼第一次負責慈善機構之工作。佛光山計劃將來能有容納八百人之房間。見《佛光山》（第二章，註二八），第六八頁。

註一四：《佛光山》（第二章，註二八），第七〇頁。

註一五：《佛光山》（第二章，註二八），第七〇頁。

註一六：星雲於一九五七年時為「覺世」之編輯，一九六二年成為發行人。至一九七五年為止，共出刊六百四十一周刊。見《佛光山》（第二章，註二八），第六三頁。

註一七：一九七三年左右，佛光山文化服務處已出版百餘種書籍。見《佛光山》（第二章，註二八），第八六頁。

註一八：此畫係公元五二〇年至五三〇年間之作品。見 Anil de Silva, *The Art of Chinese Landscape Painting* (N.Y., 1967) p. 82, 97.

註一九：其他例子為台北市之金龍寺、松山寺、臨濟寺、以及高雄佛光山之觀音殿等。

註二〇：松山寺係一九五七年建立，八卦山之大佛殿則係一九七四年所建。

註二一：亦有人稱之為長陵。見貝第(Andrew Boyd)著（第四章第一節，註六一），圖九四。

註二二：梁思成著（第四章第一節，註六二），第四二頁。勾頭及滴水之說明，請見玄奘寺部份。

註二三：同前註。

註二四：同前註。大多數之中國建築師根據此項原則設計，但在台灣亦有少數例外，如基隆市靈泉寺之瓦面及台南市法華寺部份之瓦面等。

註二五：同前註，第四三頁。福開森(John C. Ferguson)稱：「野獸之數目並無統一之規定。」見 John C. Ferguson, *Survey of Chinese Art* (Shanghai, 1930), p. 105.但按梁思成之說法，野獸之數目有一定之規則。據現存建築物研究，梁氏所言之規則似未能為部份建築設計者所嚴格遵守，但多數建築師仍遵循此項規定，如明代長陵之禮恩殿，清代之夏宮及中和殿等。筆者曾觀察甚多現代仿古之中國式建築，其垂脊或戧脊上之野戰多為單數，如台北市之大佛寺、松山寺、慈雲寺之外門，以及高雄佛光山之觀音殿等。

註二六：梁思成著（第四章第一節，註六二），第一八三、一八四頁。

註二七：同前註。

註二八：同前註。

註二九：據長安慈恩塔（建立於七〇四年）之石刻、敦煌之壁畫、唐代長安含元殿復建模型、以及日本奈良唐招提寺觀察之，唐代建築之屋頂似無走獸裝飾，直至宋代方行出現，河北薊縣獨樂寺之觀音閣（九八四年建）以及宋京汴梁城門（係由宋代張擇端於一〇八四－一一四五年間所繪）上之走獸裝飾，均為其例。張擇端所繪之畫見貝第(Andrew Boyd)著（第四章第一章，註六一），圖四七。

註三〇：據《維摩經》入不二法門品云：「離真皆名二，故以不二為言。」《十二門論疏》上曰：「一道清淨，故稱不二。」《壇經》亦云：「無二之性，即是佛性。」

註三一：見 *Indian Art & the Art of Ceylon, Central & South-East Asia*, ed. Francesco Abbate (London, 1972), p. 116 & Plate 73.

註三二：佛光山住持星雲曾訪沙即漢之皇宮並攝影留念。佛光山出版專刊介紹佛光山時稱之為「印度式建築」。見《佛光山》（第二章，註二八），第二三、二六頁。

註三三：同前註，第二三頁。據筆者所知，台灣對印度文化及歷史仍未能注意研究，尤以印度藝術為然。佛光山稱朝山會館頂上之亭狀建築為「印度式建築」即為一例。

註三四：彰化大佛之籌建係始自一九五六年之彰化縣長陳錫卿，目的在促進觀光事業。同年彰化八卦山大佛籌建委員會正式成立，委員包括地方政府官員、商人及社會領袖等。見八卦山觀光促進委員會編，《八卦山簡介》（一九七二年，十二月十二日印，無頁數）。

註三五：八卦山大佛係七十二尺高，完成後曾吸引大量觀光客，此為日後各式佛教巨像相繼建立主因之一。

註三六：一九六一年後，有下列巨像相繼建立：基隆市及台北市金龍寺之巨型觀音像；台中市寶覺寺之巨型彌勒佛(Maitreya)；高雄縣佛光山及台中縣萬佛寺之巨型釋迦牟尼巨像等。

註三七：釋迦牟尼巨像係於一九七五年完成，為佛光山第二期「五年計劃」中主要工程之一。見《佛光山》（第二章，註二八），第八三頁。

註三八：佛像後之背景係油畫，此種雕塑及繪畫互相配合之手法，已為敦煌佛教藝術家所使用。類似之配置可見於台南市開元寺觀音殿之觀音像。

註三九：當筆者訪問佛光山時，部分建築及雕像正在動工中。

註四〇：在藝術品中，大量生產往往產生兩種結果；一為粗製濫造，一為統一化。如吾人詳細觀察其衣紋，其手法甚為粗劣。

註四一：天王像首係置於路旁候其曬乾，然後再與身子接合。

註四二：另一例為日本東大寺之執金剛神。東大寺之增長天王像係於八世紀中所造。見Takeshi Kobayashi, *Nara Buddhist Art: Todai-ji* (Y. N., 1975), p. 32.

註四三：筆者訪問佛光山負責之雕塑者時，見其桌上有數本有關日本藝術之書籍，其中一本係有關奈良佛教藝術者。

註四四：據筆者所知，甚多有關大陸佛教藝術之圖片及資料，在台灣不易覓得，部份可在各大學或中央研究院等機關之圖書館中獲得。一些台灣佛教雕塑者因教育及環境之關係，與上述圖書館接觸甚少，但在台灣日文書店中，有關日本藝術之書籍卻甚易獲得。

註四五：日本與台灣之貿易佔台灣對外貿易之最大宗。

註四六：此係據佛光山知客僧所告。

註四七：台北市華嚴蓮社內之萬佛像亦係塑膠所製。

註四八：有關一百零八佛像之報導，閱盧嘉興作（第二章，註一〇）。第三六頁。盧氏並未提及此一百零八佛像之名稱，此等佛像繪畫現已無存。在佛教中，此一百零八佛像可滅一百零八煩惱。

註四九：敦煌石窟包括四大洞窟，即千佛洞、西千佛洞及萬佛峽。多數佛教雕塑及繪畫係位於千佛洞及萬佛峽。見蘇瑩輝著《敦煌論集》（台北，一九六九），第一五八頁。

註五〇：《佛光山》（第二章，註二八），第九七頁。

註五一：見 Michael Sullivan, *A Short History of Chinese Art* (Berkeley, 1970), Plate 63.

註五二：Laurence Sickman & Alexander C. Soper, *The Art & Architecture of China* (Baltimore, 1956), p. 102.西廉(Siren)亦稱第十二及十三世紀之中國佛教藝術有一短期之復甦。見 Oswald Siren, *The Romance of Chinese Art* (N. Y., 1936), p. 98.

註五三：西廉(Siren)提及觀音於宋代已變為女性。見西廉(Oswald Siren)著（本節，註五二），第九八頁。

註五四：《涅槃經疏》卷十四。

註五五：《大日經疏》卷五。

註五六：見雪曼・李(Sherman Lee)著（第三章第三節，註六九），第三五九頁。

註五七：《大日經疏》卷五。

註五八：丁福保編（第三章第二節，註八）第二四〇八頁。在台灣楊柳觀音之造形極為流行，台北市大佛寺及基隆市之楊柳觀音是為其例。上述之觀音均右手持淨瓶，左手執柳枝。

註五九：據義淨所述，中國之楊枝係源自印度之齒木(Dantakāṣtha)，印人用之揩齒刮舌。見義淨者（三章第三節，註一三四）卷一。《西域記》卷一亦稱釋迦牟尼與羅漢嚼齒木以潔口。《毗尼日用切要》曰：

「……楊枝律中名曰齒木……今咸以柳枝當楊枝。」

註六〇：筆者訪問佛光山主雕塑師時，見其將一繪妥之圖樣交付負責浮雕之年幼雕工。佛光山觀音殿之四周均有浮雕，係同一方式雕造而成。

第五章　結論

本書以台灣佛教及佛寺作為研究之對象係基於下述因素：

㈠信仰佛教之信徒在台灣係為數最多者——

據一九七七年非官方之統計，一九七七年初期台灣共有一千六百零五萬人口，其中約八百萬人係佛教徒，佔總人口數約一半左右（註一）。同時，由一九七七年之兩個例子，可顯示台灣佛教之發展及流行。其一為海天寺，此一佛寺係於一九七七年早期所建，寺址係位於海拔二千二百五十六公尺之高山頂上，但在佛寺周圍之居民卻甚為稀少（註二）。其二為一九七七年底，在高雄佛光山受戒者為數高達二千餘人（註三）。

㈡台灣為世界重要佛教中心之一——

近年來，甚多外籍人士，特別是學者自外國來台灣習佛法（註四）。一九七七年底，三位研究佛學之美國學者於佛光山剃度為僧（註五）。台灣已成世界研究佛學者最嚮往之勝地之一。

㈢據《廿年來佛教經書論文索引》記載，在過去廿年中，共有一千三百種佛教書籍與二千篇有關佛教之論文出版（註六），但僅少數書籍或論文提及現代台灣佛教活動與文化，且此類書籍或論文所提者多甚為簡短，故甚難對台灣佛教、佛寺、及佛教藝術之情形及發展有較為徹底之了解，此種情形深為曉雲法師所體會，彼稱：當目前中國文化復興與中國佛教文化、思想處於發展及更一步擴展之時，吾人必須加倍努力並發揚光大（註七）。

在西方世界中，介紹中國佛教及佛教藝術之書籍及論文為數甚眾，但部份仍有未盡之處，尤其是缺乏研究中國特定一省之書籍或論文。進一步研究中國佛教之需要，可自一九五七年萊特(Arthur Wright)之聲明見之，萊特稱：「過去五十年所出版之專論、索引與字典僅是走向研究此一浩如瀚海領域之第一步……對中國現代史之研究在過去四十年已有進步，但在此浩如瀚海之未知領域中，吾人所做者仍極為有限。」（註八）二十餘年後，由目前之情況觀之，萊特所言對中外研究漢學之學者仍具有深意。

撰寫本書文前，對各佛寺之實地考察共分兩次；一為一九七四年，一為一九七五年（註九）。現就台灣之佛教、佛教寺院及佛教藝術分兩大部份約述之：

佛教與佛寺

因資料之缺乏，故對荷蘭時期台灣佛教發展之一般概況，所知極為有限。鄭氏時代佛教及佛寺之發展係與政治及經濟之發展戚戚相關，並由市區擴至郊區。台灣佛寺之數量在滿清時代已逐漸增多，佛寺之建立區域亦不如鄭氏時代之僅限於台灣南部。佛寺在台北地區之推展可能仍係受政治、經濟及安定之社會之影響。一八九五年至一九四五年期間，台灣為日本人所據，在此期間，淨土新宗與齋教極為流行，佛寺之數量亦較前增加。國民政府時期由於大陸來台高僧之重整佛教禮儀、教義與著重社會活動及慈善事業，使信徒及佛寺之數量日漸增加。部份舊寺及已受損毀之佛寺均被修繕或重建。各宗派僧侶已無門戶之見，共同為宣揚佛法而努力。此一時期可稱為台灣佛教之興盛時期。

佛教在台灣流行主因之一在人民對宗教之熱誠。據一九七七年之報導，台灣各型寺廟（含道教及地方神等）之數目已超過台灣省各級學校之總和（註一〇），此種對宗教之熱誠係受下述因素之影響：㈠當一個農業社會轉向工商業社會時，甚多人之精神狀態有時會陷入低潮，極易轉向尋求宗教之安慰。㈡中國大陸與台灣省之分裂，使部份有家屬在中國大陸之年高人士轉向宗教（註一一）。㈢國民政府對宗教之保護及尊崇。㈣佛教僧侶之努力宣揚佛法。

佛教在台灣流行之另一主要原因為大陸來台高僧對佛教禮儀、戒律與社會活動方面所作之改革，其結果為：㈠在台灣社會中佛教已逐漸佔有重要地位，並為政府所尊崇（註一二）。㈡信仰佛教之信徒日漸增多。㈢各宗派僧侶團結一致共為宣揚佛法而努力，各宗之間已無門戶之見（註一三）。目前台灣佛教中以淨土宗信徒最多，屬於禪宗之佛寺亦實行「禪淨雙修」之修行法（註一四）。

在滿清康熙期間，幾乎所有台灣佛寺均與政府官員及知識份子有密切之關係，甚多上述人士均係佛教徒或係佛教之支持者。在此期間，由平民及商賈籌資興建之佛寺在各地出現，此等佛寺多供奉觀音。供奉觀音之流行可能與台灣之地理位置及多數移民之固有風俗有關，因多數自福建泉州移居台灣之移民攜帶其家鄉寺廟之香火來台，此等寺廟以供觀音者為多。觀音在早期移民中之受歡迎，使觀音成為今日台灣佛教徒中最受歡迎者之一。

台灣多數之佛寺均與中國大陸之佛寺有密切之關係，甚多台灣早期佛寺之住持係在福建省各大佛寺學習佛法，或自福建渡海而來，尤以來自泉州及湧泉寺者為最多。此外，甚多台灣佛寺之名稱係模倣中國大陸佛寺之名稱者，如龍山寺、開元寺、永明寺等。另一例子為台灣佛寺舉行禮儀時之範本係《佛教朝暮課誦》，此係取材自浙江蘇州靈巖山寺制定之《靈巖山寺念誦儀規》者。

台灣佛寺今日最強有力之支持者為政府官員、地方名流及商賈，此種情形與國民政府在大陸時之情形甚為相似。但在另方面而言，台灣佛寺與一九四九年前在大陸之佛寺仍有如下之差異：㈠在台灣信仰佛教之知識份子、高級政府官員、學者和大專學生之數目較大陸時為多。㈡台灣施行之九年義務教育使文盲幾乎從佛教界中絕迹。甚多佛教僧侶自國外（多自日本）獲得碩士或博士學位。㈢過去在中國大陸佛教界中親身體驗之痛苦經驗，使台灣佛教領袖產生自覺及奮發之心理。「文化、教育與慈善事業是佛教的三個救生圈」此一口號，在台灣年輕僧侶中傳誦甚廣（註一五）。此種情形顯示佛教界的自覺不僅存在於佛教領袖中，同時亦存在於一般年輕僧侶中。由於此種自覺，佛教界不僅重視佛教教育，同時亦致力於建立普通學校、社會教育計劃、學校獎學金、圖書館、廣播網與出版期刊書籍等（註一六）。㈣熱衷於社會福利事業為台灣佛教及佛寺與大陸之不同點。多數之信徒與僧侶皆要求現代化及擴展佛教，而非安於現狀或守成不變，故甚多台灣佛寺採取極為積極之態度，彼等捐款築橋、修路，並建立養老院、孤兒院、診所、公共墓地及提倡有益娛樂活動等。在以前中國大陸，上述之活動多限於一些規模宏大或富有之佛寺，但在台灣此等活動卻為一般多數佛寺所施行。㈤當吾人研究中國大陸之佛寺時，多數均在破廢狀況，急需重建或修繕。但在台灣之寺廟，包括佛寺，幾乎均在完整或絕佳之情況下，甚多小規模但不破舊之佛寺，往往拆毀重建面積更大者。此一情形顯示兩點重要事實：（甲）台灣佛寺經濟狀況甚為富饒。如一九七〇年靜思精舍捐款美金七萬五千元從事社會福利事業；一九七七年觀音寺捐獻美金二萬五千元作為獎學金之用。（乙）台灣佛寺為其信徒所強力支持，社會一般人民之生活亦甚為富足。今日，台灣佛寺之主要收入，不在土地而在信徒所捐之錢財，最佳之例為佛光山與慈雲寺。㈥一些佛寺，如龍山寺同時亦敬拜地方人民所信仰之地方性神靈，此種現象為以前中國大陸佛寺所無。

甚多台灣佛寺亦為娛樂之中心，如民間戲劇、技擊、燈節等均在寺前之廣場舉行。在今日台灣，規模最大之元宵花燈展覽係在龍山寺舉行。

佛教藝術

筆者所選擇之佛寺均有其特徵，並代表台灣佛寺各種不同之時代、風格與影響（註一七）。茲將選擇之八座佛寺依上述之分類列表如次頁。

根據以上之分類及所研究之佛寺，如金龍寺、金剛寺、慈雲寺、圓通寺等考察，部份日據時代及國民政府時期之台灣佛寺係受西洋建築影響。日據時代台灣

佛寺	建築時代及日期	風格與外國影響	主要供奉像
龍山寺	日據時代。一九二〇年及一九四五年	南方式、歇山式	觀音
慈雲寺	國民政府時期。一九七四年	北方式、歇山式西方影響	觀音
圓通寺	日據時代。一九二九年	北方式、歇山式西方及日本影響	釋迦牟尼
永明寺	日據時代。一九四二年	南方式、捲棚式	釋迦牟尼
獅頭山	日據時代。約自一八九五年至一九四五年	石窟西方影響	多數寺院敬拜觀音、釋迦牟尼與阿彌陀佛。
玄奘寺	國民政府時期。一九六四	北方式、歇山式	玄奘
開元寺	清代。約在一七〇〇年代	南方式、歇山式	釋迦牟尼
佛光山	國民政府時期。一九六七年至一九七三年	北方式、歇山式朝山會館受印度影響	觀音

佛寺受西洋建築之影響，可能肇因於明治維新（一八六八——一九一二）（註一八）。建立於十九世紀末之東京日本國會建築，可顯示當時西洋建築在日本之風行程度（註一九）。金龍寺、金剛寺與圓通寺均係建立於日據時代，但西洋建築之影響可見於柱端、柱基或柱身上。在國民政府時期，西洋式之柱端、柱基或柱身已不復現於在此時期所建之佛寺，如慈雲寺、松山寺、大佛寺、玄奘寺與佛光山等。但綜合西式窗戶與中國傳統建築（尤以歇山式為多）之手法，卻自日據時代風行至國民政府時期，台北市之金龍寺與慈雲寺即為其例。總結之，甚多建立於日據時代與國民政府時期之台灣佛寺係受外國建築（包括西洋、日本及印度）影響，尤以西洋建築為然。

一般言之，台灣佛寺中以歇山式最為風行，其風行之原因可能係受中國大陸佛寺及福建省佛寺之影響，因多數在中國大陸之佛寺，如金山寺、棲霞寺、南華寺等，以及在福建省之著名佛寺，如清水岩、開元寺、南山寺與東山寺等，均係歇山式（註二〇）。在台北地區共約有八座有名佛寺，其中七座係歇山式（註二一）。

歇山式僅是中國基本屋頂形式之一種，除基本屋頂形式外，依照中國之地理區域，中國之屋頂又可分為三類：㈠北方式——正脊平直、簷角微曲，但未向上翹起。㈡中部式——正脊平直，簷角向上翹起如飛簷。㈢南方式——正脊彎曲，兩末端向上翹如燕尾，多數有上翹之垂脊及飛簷。一般言之，南方式屋頂在台灣、福建、廣東與新加坡等地甚為流行。龍山寺、開元寺、永明寺、海會庵與慈雲寺（一九七〇年前）均為南方式，但所有建立於國民政府時代之佛寺均為北方式，此種情形之發生，係受大陸來台高僧之影響，因彼等認為南方式過於注重裝飾，並非佛寺之理想式樣（註二二）。北方式在台灣新建佛寺之流行，顯示大陸來台高僧之影響力與觀念之改變。

由於台灣土地面積之限制，多數台灣佛寺與大陸佛寺相較規模均甚狹小。少數原建於清代之台灣大型佛寺有四天王堂之設置，此係受中國大陸佛寺之影響，但最近由於大陸來台高僧之影響，甚多台灣佛寺逐漸建立或增建四天王堂於正殿前；海會庵與十方大覺寺是為其例，故大陸對台灣佛寺之影響極為深遠。

中國傳統建築對台灣佛寺之影響亦可見於佛寺之配置、設計及裝飾上。第一例為「四合院」式之配置，此種配置自漢代至今日仍為建築家所樂用。第二例為將鐘樓置於正殿前方之右側，鼓樓置於左側之配置（如龍山寺及台北臨濟寺），在清代甚為流行，但此種配置係模仿唐代建築者。第三例為龍山寺正殿前向外伸出之高台，此種設計自唐代一直流行至廿世紀前半期。泉州開元寺及圓通寺正殿前向外伸出之高台即為其例。第四例為將一單一之正殿置於全寺之中央位置（如玄奘寺），早已於唐代時出現。第五例為在一九七〇年代興建之部份台灣佛寺中，唐式之鴟尾及明清式之正吻均甚為風行。第六例為甚多於一九七〇年代建立之台灣佛寺於主殿四周圍有欄杆，此種設計於唐代初期即流行至今日。甚多於日據時代建立之佛寺，如臨濟寺、圓通寺與龍山寺等亦有上述之欄杆。

模仿早期中國傳統建築及唐代建築，可能係受國民政府在社會及教育上積極推行之中華文化復興運動有關。此一運動強調中國傳統文化及唐代文化之重要性（註二三），因台灣之正式建築師均係大專學校畢業，故此一運動影響所及必影響甚多台灣年輕建築師及其設計（註二四），如佛光山之觀音殿係由一年輕建築師所設計，其形式係中國傳統宮殿式寺廟建築，傳統之明、清式「正吻」亦出現於正脊之兩側（註二五）。

甚多屬於南方式之台灣佛寺在屋頂垂脊之末端有卷狀式之「龍尾」出現，一般相信此種「龍尾」具有防火之神秘功能，此種裝飾在福建、廣東及有眾多移民之南洋建築物中甚為普及。上述之現象亦可證明部份台灣佛寺與中國南方建築，尤其福建省建築之密切關係。寺廟屋頂正脊上之火珠及雙龍飾物係受中國南方海岸一帶建築物之影響，此種裝飾在廣東、浙江、江蘇與台灣各省均甚為流行。在佛教中，火珠即如意珠，具有不可思議之神秘力量，同時亦代表佛之舍利，但當將此珠置於雙龍中間時，卻代表釋迦牟尼與佛教。

台南市彌陀寺之古銅鐘及台北市慈雲寺之地磚顯示，在清代自福建輸入建築或籌造器物材料之風氣甚為流行。據《艋舺龍山寺全志》之記載，當龍山寺於一九二〇年重建時，建築師王益順即係自泉州聘來負責重建工作，同時亦負責台北及新竹之寺廟設計（註二六），由此可知，邀請福建省建築師來台設計寺廟之風氣在當時亦必甚為風行。

多數台灣新佛寺之式樣雖係模仿中國傳統建築，但其建造方法卻是現代化，其主要之建材為鋼筋水泥，故此類佛寺之斗拱純為裝飾並無實際作用，但其外表卻係模仿中國木造建築。雖然台灣之建築家在佛教建築上並未創造新式樣，但部份卻將注意力集中於細部設計或圖案上，甚多上述之設計或圖案為大陸佛寺所無法看到。

由於地點、空間及環境之關係，台灣佛寺在台灣社會中佔有極重要之地位，同時佛寺亦為旅遊、娛樂與各種社會活動之中心（註二七）。在另方面言，根據各類佛寺建築之不同風格，吾人亦可探知其背景、外國與地方之影響，以及台灣佛教之發展情形。

二、雕刻

在一九五〇年代，台灣僅有二或三處之主要佛像雕刻處所，且所有之雕刻家均來自福建省，其後，開始招收台籍學徒，時至今日，台灣佛教界仍多認為福建籍之佛像雕刻家為最佳者，但彼等之酬勞亦較高，故台灣佛像雕刻界受大陸之影響極為深遠。今日台灣多數之佛像雕刻家係來自福建，或為彼等之學生或後裔。與台灣寺廟畫家之情形相似，台灣佛像雕刻家仍然在師父或親戚之私人訓練所內接受雕刻訓練，訓練之時間多為二或三年。如佛像為木製，則多於小型工廠或店內雕造，如為泥塑或鋼筋水泥所製，雕刻者須在佛寺內原置像處或臨時之工作所雕塑（註二八）。

今日台灣佛教徒供奉最多者為釋迦牟尼、阿彌陀佛與觀世音菩薩。一九五六年開始，建造佛教巨像之風氣極為流行，第一座巨像係位於彰化八卦山之釋迦牟尼像，建造之目的除宗教意義外，主要在吸引觀光客，負責籌建者係非佛教性之組織（註二九）。其後，甚多佛教巨像於各地建立，如基隆市之巨型觀音像、台中市之巨型彌勒佛像等均是，但此等巨像之籌建者均為佛寺及佛教徒。此一情形顯示，甚多之遊客及信徒為巨像所吸引而前往參觀，其後佛教巨像即相繼在各處建立。另一方面亦可顯示此等建立巨像佛寺之雄厚財力。

在一九七〇年代之台灣，甚多佛寺風行建造萬尊佛像或萬尊觀音，如佛光山、華嚴蓮社與萬佛寺等，主要目的之一仍為吸引信徒與遊客。早期類似之例子為台南市竹溪寺之一〇八尊佛畫像，但在中國大陸則為敦煌、雲岡、龍門等石窟。一般言之，多數台灣佛教雕像之特徵為長方形臉孔、小嘴與高聳如弓形之雙眉。

台灣佛教雕像之主要材料為泥、木、大理石與鋼筋、水泥等（台灣所有之佛教巨像均係鋼筋混凝土所製）。部份佛像雕塑家製造小型或中型佛像等，經常使用模型大量製造，其材料為將水泥與玻璃纖維混合而成。此種情形係受經濟及缺乏豐富創造力之影響。

台灣一般佛教雕塑家缺乏豐富創造力之原因可能係基於下述因素：㈠缺乏足夠之教育（多數佛像雕塑家係初中或高中畢業）及正式學校訓練。㈡缺乏強烈之競爭。據永明寺住持稱，今日台灣有名及規模宏大之佛像製造所大約不會超過十處。但在一九七七年初，台灣佛教徒已達八百萬人，故對佛像之需求必甚殷切（註三〇）。部份佛像雕塑家僅製作一些模型，需求時則予倣造。

由於台灣之地理位置，對於台灣佛教雕刻之影響來自各方面，包括外國（如緬甸、日本與西方等）之影響等。但一般言之，多數之台灣佛教雕刻係受中國傳統佛教雕刻之強烈影響。

台灣佛教雕刻有下列主要功能：㈠具有社會教育之作用。部份佛寺以雕刻敘述西方極樂世界及地獄之情景，可激勵參觀者改惡向善（註三一）。㈡可吸引更多信徒及觀光客參訪佛寺。此種參訪有如下之效果：（甲）增進觀光客對佛教之興趣，甚至歸依佛教之意願。（乙）增加信徒之向心力。（丙）可自信徒處獲得更多之財力支持。台灣佛教巨像之流行亦係基於上述之原因，故影響所及，釋迦牟尼、觀音及彌勒佛之名稱已為社會一般大眾所熟知（註三二）。㈢可激發對中國佛教雕刻及文化有興趣之學者之研究興趣。

三、繪畫

台灣之佛教繪畫大約可分為三類：㈠寺廟畫工所畫者。㈡佛教僧侶所畫者。㈢畫家所繪者。

一般而言，第一類畫工所繪者多在佛寺窗戶以上部份，或在門、樑、穿插、梁枋上。龍山寺、開元寺、海會庵、彌陀寺與勸化堂等均為其例。部份佛寺內繪畫之題材與佛教全然無關，此種材料包括《三國演義》、《封神榜》、以及其他民間故事等。此種題材之出現在台灣佛寺，不僅表示畫工並未受僱主對題材之限制（如純佛教繪畫），同時亦說明畫工與社會一般平民之密切關係，以及延續中國數千年之傳統思想。此種民間故事皆為社會一般平民所熟悉，且主題多提倡傳統中國思想中之忠、孝及道德等。

多數畫工所繪之佛教繪畫係以釋迦牟尼為主題，題材多為佛祖顯示神通之事蹟，如以指移山、馴伏野象等。但值得注意者為：除釋迦牟尼之服飾及臂環外，其餘均為純中國式，包括畫內之山水風景在內。此一例子說明中國寺廟畫工常將原屬印度者之式樣改為中國式，如釋迦牟尼侍者之衣服即為中國式。類似之情況於其他佛寺亦可見之，如龍山寺、開元寺與海會庵等。

多數台灣佛寺畫工所繪者均有人物與山水，著重形式與線條，而非潑墨。畫工所畫者多為油畫，並將人物及山水畫於一長方形或八角形之框中，此種繪畫多於梁或梁枋上，並有花草圖案環繞。有時一幅繪畫係由一個以上畫工合作完成，完工後署明所有畫工之姓名、日期及來自何地。

多數之台灣寺廟畫工仍然於師父或親戚之私人訓練所接受訓練，教育程度不高（多數係小學或中學教育程度）。部份台灣佛教藝工同時從事佛教雕刻及繪畫，佛光山負責設計之首席畫工及金龍寺之畫工即為其例（註三三）。

雖然台灣佛寺之繪畫因受面積及部位之影響，無法如佛教巨像之吸引信徒或觀光客，但此等繪畫仍然有其教育之功效，因觀眾仍可自繪畫中複習其平時所熟悉之民間故事，並吸取其中或佛教繪畫中之思想或教訓。

今日台灣並無太多佛教僧侶以繪畫聞名，甚多僅練習寫字。部份台灣佛教僧侶之繪畫與佛寺畫工所繪者大相迥異，所畫之題材並非民間故事或佛祖之神通，而是山水、竹、松、梅、羅漢、祖師像及禪畫等（註三四）。佛教僧侶僅為興趣、自娛及禮敬諸佛或祖師而繪畫，非如職業畫工之以營生為目的。一般言之，佛教僧侶所繪者可吸引較多之知識份子及學生，並為台灣社會一般人士所注視（註三五）。

一些台灣畫家亦畫佛教繪畫，但其主題多為羅漢或祖師（如菩提達摩、寒山、十八羅漢等）。此種繪畫偶而於部份畫展中展出，但為數不多。

總結之，由於一九七〇年代台灣佛教之盛行及佛寺經濟之富裕，對新寺之建立，佛像及佛畫之需求亦相對增加。在此種情況之下，台灣佛寺似應利用其財力建立一佛教藝術訓練中心或學校，以增進佛教建築家、雕刻家及畫家之水準。其結果將使台灣逐漸成為世界重要佛教藝術中心之一。

台灣佛教文化與藝術雖然甚具研究之價值，但仍然為一尚未正式發展之領域，本文作者衷誠希望此書能引起其他學者對此重要領域之研究與趣，並對台灣省人民有所貢獻，再進而期望學者專家致力研究現代中國之佛教文化、佛教藝術及社會組織（註三六）。

註釋

註　一：見*Questions & Answers About the Republic of China*, ed. Chung Hua Information Servic (Taipei, 1977), p. 7, 17.與一九七四年官方發表之報告相較，後者稱台灣人口共有一千五百五十六萬四千八百卅人，佛教徒約五百七十五萬九千人。兩者之人口數頗為接近，但一九七七年佛教徒之數目顯已增加，詳情參考第一章註九及第二章註三二。

註　二：見陳世空作「海天遊蹤」《中央日報》航空版（一九七七年四月九日）第四版。此佛寺為全台座落位置最高之佛寺，其偏遠位置顯示佛教在台灣省之傳播極為普遍。

註　三：見《中央日報》航空版（一九七七年十二月卅一日），第三版。

註　四：浦立茲博士(Dr. Tony Prince)係來自澳洲，於中國佛教文化研究所研究佛學；戴立亞(Albert Dalia)係來自夏威夷大學之研究生，亦在上述研究所學習。見 Tony Pric, "Buddhism & Buddhist Studies," *The Pure Moon*, VII (1973), 16-18., & Albert Dalia, "How I Came to Study Buddhism," *The Pure Moon*, VII (1973), 21-22.

註　五：見註三。此三位美國學者為：采恩，獲加州大學碩士；恩智，獲聖勞倫斯大學博士學位；采思遲，為東方大學圖書館館長。

註　六：此書係中國佛教文化研究所於一九七二年出版。

註　七：同註四，*The Pure Moon*, p. 8.

註　八：見萊特(Arthur F. Wright)著（第二章，註一九），第五頁。

註　九：此一論文題目係作者於一九七四年所擬定，但至一九七五年方將資料作一初步整理。實地之觀察及研究，包括訪問佛教僧侶、拍照、探訪佛教藝術家及工匠、訪問佛寺（甚多佛寺無車可通，必須步行，如訪問獅頭山各佛寺上下山之時間即費時六小時餘；至基隆市靈泉寺亦步行一小時餘）、閱讀佛教經典、繪佛寺平面圖等。第一次實地考察係在一九七四年夏季，第二次考察係在一九七五年下半年度。所有選擇研究之佛寺均有其特徵，並可代表台灣各不同形式之佛寺。

註一〇：見「不要鋪張」《中央日報》航空版短評（一九七七年二月廿一日）第四版，無作者姓名。

註一一：部份大陸來台人士中有親友或妻兒等滯留大陸者，有人在台重新建立家庭，但亦有人終身不再娶，後者極易轉求宗教寄託。

註一二：見第三章第二節。台灣佛教之重要性不僅在信徒之支持與政府高級官員之訪問佛寺，同時亦在地方政府之積極參與宗教活動。如雲林縣長曾擔任雲林縣寺廟管理人會議之主席。見《中央日報》航空版（一九七七年六月廿二日）第二版。

註一三：威爾治(Holmes Welch)稱：「多數中國佛教僧侶認為各宗之教義均係正確者，同時各宗修行方法亦具效果……一位佛教僧侶也許屬於禪宗之一派，但亦修習天台宗教義及淨土宗之念誦法。」見威爾治(Holme Welch)著（第二章，註一九），第一九四頁。以台灣佛寺為例，開元寺係屬禪宗，但亦供奉律宗之道宣。釋曉雲係屬天台宗，但在禪宗之永明寺說法及修行。詳情閱第三章第三節，註七、註三九，及第四章第七節第二六九、二七〇頁。

註一四：見第三章第三節，註六、註三九，及第四章第二節（慈雲寺）。淨土宗之在台灣佔優勢並非一種新發展，至少在一九三〇年代即已開始發軔。據估計約有六十至七十佛教徒自認屬於淨土宗，此為印光努力宣揚淨土宗之結果。見 Kenneth K. S. Ch'en（第三章第二節，註八八），第四六〇頁。

註一五：作者於高雄市宏法寺晤談一曾受良好教育之年輕僧人，當談及台灣佛教之前途時，他曾特別提及此一口號。在他及師父之努力下，宏法寺已建立一圖書館與一由學生組成之國樂團，同時亦設立中學及大專學生獎學金。

註一六：詳情閱第三章第二節。善導寺，台北市數個大佛寺之一，曾頒獎學金給大專學生，其中包括四位攻讀博士之學生，八位攻讀碩士之學生。台北市議會副議長及淡江大學校長張建邦，曾代表善導寺頒獎學金予學生。見《中央日報》航空版（一九七七年三月五日），第三版。

註一七：如台北市附近主要及聞名之佛寺為：龍山寺、臨濟寺、圓通寺、善導寺、松山寺、大佛寺、慈雲寺、金龍寺與永明寺等。作者曾訪問所有上述佛寺，並攝取照片。經整理研究後，發現圓通寺、善導寺與金龍寺均係於日據時代建立，其建築風格甚為相似，故僅選擇圓通寺作為例子，同時亦參考善導寺與金龍寺之建築。本論文中之其餘七座佛寺亦係以同樣方法選出。

註一八：詳情閱第四章第三節。

註一九：日本國會係屬純粹西洋式建築，圖片閱郝爾(John Whitney Hall)著（第二章，註二二），圖四十。

註二〇：此等佛寺之圖片，閱《錦繡中華》（第四章第一節，註四九），第三二六、三二七、三二九、一四五、一九五、一九八、三二五。
註二一：除永明寺外，所有於註一七中提及之佛寺均為歇山式。
註二二：詳情閱第四章第二節，註一五。
註二三：詳情閱第四章第六節，註一六。
註二四：台灣之正式建築師必須經過政府之考試，且須為大專畢業生。
註二五：《佛光山》（第二章，註二八），第一八、三八頁。
註二六：《艋舺龍山寺全志》（第三章第一節，註二三），第二七頁。
註二七：如圓通寺與佛光山均座落於山頂，甚多人訪問此兩座佛寺純為遊玩或野餐。座落市區之佛寺則被使用為聚會或商業場所，或利用寺前空地作各種表演。
註二八：見第四章第八節，註四一。作者訪問彰化八卦山之大佛寺時見雕工在殿內就地雕塑。
註二九：詳情閱第四章第八節，註三四。
註三〇：多數佛教徒均有佛像供奉在家。
註三一：如佛光山使用雕刻敘述西方樂土及地獄之情景。使用雕刻或繪畫以達到社會教育或宗教之目的，常載於甚多中國典籍。當吳道子完成地獄變時，甚多觀賞者於事後均悔罪改業。見朱景玄著《唐朝名畫錄》卷一。
註三二：彰化市大佛、基隆市巨型觀音、台中市彌勒佛巨像多為台灣一般人士所熟悉。

註三三：作者訪問金龍寺，見作業者兼做畫工及雕工之工作。

註三四：作者訪問佛光山時見一墨竹畫係名僧釋廣元所繪。在高雄市宏法寺中亦見一羅漢像係一僧人所繪。釋曉雲亦繪山水、梅、竹與禪畫，彼為台灣佛教界中繪畫最負盛名之出家人。

註三五：一九七五年當作者由美返台灣時，曾參觀在台北市省立博物館舉行之「清涼藝展」，見甚多社會名流及學生參觀藝展。關於藝展詳情與當時社會之反應，見第三章第二節「教育與文化活動」。

註三六：作為一個研究佛學及佛教藝術之非佛教徒，作者深信本文之研究態度及對事物之判斷，並未受宗教或其他因素之影響，所有之敘述均係基於事實及學者研究學術所應有之良知。

附錄一　台灣之佛教期刊

據《二十年來佛教經書論文索引》（台北，一九七二）第二九九及三〇〇頁所載，台灣共有廿二種期刊，但並未記載日期。以下為上述佛教期刊之目錄：

期刊名稱	出版地	出版者
中國佛教	台北	臨濟寺
台灣佛教	台北	東和寺
菩提樹	台中	
海潮音	台北	
獅子吼	台北	松山寺
新覺生	台中	
慈明	台中	慈明寺
慧炬	台北	
揚善	台中	
明倫	台中	
觀世音	台北	
覺世	高雄	佛光山
慈航	台北	
佛教文化	台北	佛教文化館
原泉	台北	釋曉雲
清涼月	台北	釋曉雲
苦海甘泉	新竹	圓光寺
慈聲	台中	慈明寺
大眾佛教	台北	大眾日報
智慧	屏東	屏東農專
大慧	高雄	高雄師範學院
慧智	台北	中國文化學院

威爾治(Holmes Welch)所述之以前中國大陸五十七種佛教期刊中(*The Buddhist Revival in China*, P. 279)，其中兩種期刊，即《海潮音》與《獅子吼》在今日台灣仍然繼續刊行。至一九七二年止，台灣佛教期刊中有三種係由大專學校之佛教社團出版，此種情形在以前大陸時期為絕無僅有之事。

據《二十年來佛教經書論文索引》第三〇一頁至三〇三頁所載，自一九五二年至一九七二年，共有三十三所出版社經常出版佛教經典及書籍，但上述之出版社中多數與台灣佛寺並無關係，出版佛經或佛教書籍之原因純為牟利。如一九七七年五月十六日《中央日報》第一版有台北新文豐書局（未在上述之三十三家出版社之中）之廣告，係為將要出版之六十六種佛教經典及書籍徵求預約（此一書局曾於一九七四年印行三千餘頁之佛學大辭典）。由此可知，中國佛教經典與書籍確有廣大市場，並有利可圖。

附錄二　佛殿禮佛儀式

在正殿內僧侶排班東西對面立，雙手合什，聞及一聲引磬時即轉身面向主要佛像，當第二聲引磬敲響時，問訊，畢，仍轉身對面立。此時，引磬一聲，鼓一聲，再引磬一聲，鼓一聲。然後引磬一聲，鼓一聲，當聞及鼓一聲時，即轉身面向主要佛像。聞及引磬一聲時即拜下。隨即鼓一聲，引磬一聲，鼓一聲，引磬一聲，鼓一聲，捺引磬，當聞及引磬一聲時即起立。然後是鼓一聲，再聞及引磬一聲時即拜下。然後再鼓一聲，再引磬一聲時即起立。隨即為鼓一聲，再引磬一聲時即拜下。然後為鼓一聲，引磬一聲，鼓兩聲，再聞引磬一聲時即起立。然後是鼓四聲。當聞及引磬一聲，鼓一聲，再引磬一聲時，問訊。然後鼓二十聲，捺大磬，隨即鼓一聲，大磬一聲，鼓一聲，大磬一聲，鼓一聲，大磬一聲，鼓兩聲。

如非朔望（每月初一或十五），上述之三聲大磬改為木魚（見《佛教朝暮課誦》（第二章第三節，（註一））），第一頁，與《佛門必備課誦本》（第二章第三節，（註三七）），第一頁」。

禮佛之程序及排列隊形如下：

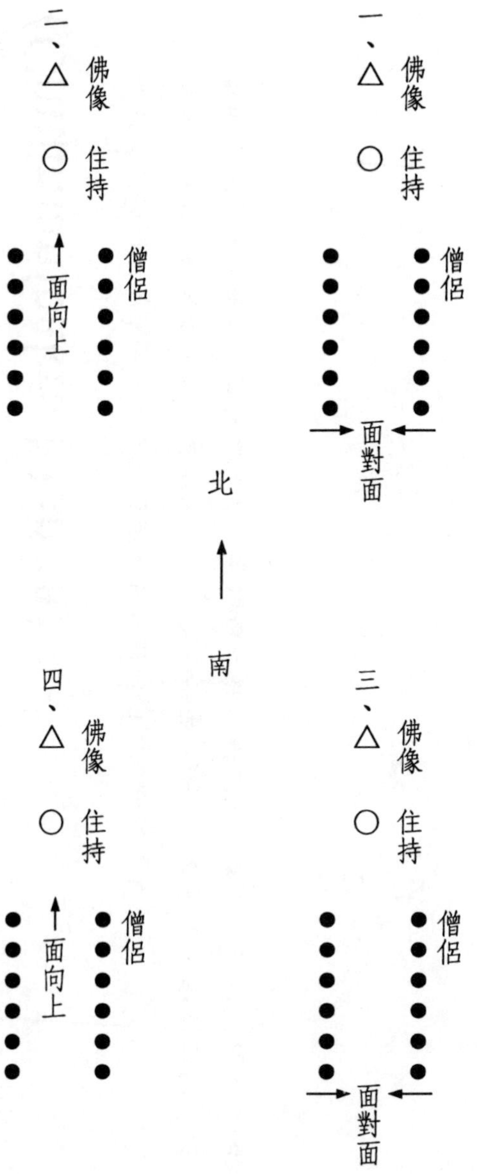

附錄三　如意寶輪王陀羅尼 (Cintāmaṇicakra Mantra)

南無佛馱耶◎南無達摩耶。南無僧伽耶。南無觀自在菩薩摩訶薩。具大悲心者。怛姪他。唵。斫羯囉伐底。震多末尼。摩訶。鉢蹬謎。嚕嚕嚕嚕。底瑟吒。爍囉阿羯利。沙夜吽。發莎訶。唵。鉢蹋摩。震多末尼。爍囉吽。唵跋喇陀。鉢亶謎吽。

附錄四　中國屋頂構造之基本形式

一般言之，在中國建築中共有六種不同之屋頂構造。以下之說明係根據梁思成所撰之《中國建築》（一九六九年台南出版）第一八一頁至一八三頁而來。此書原係於一九三五年出版，台南成功大學於一九六九年重印。甚多有關中國建築之書籍，如安德魯・貝第之《中國建築》[Boyd, Andrew., *Chinese Architecture* (University of Chicago, 1962)]與吳納孫(Nelson Wu)之《中國與印度建築》[Wu, Nelson., *Chinese & Indian Architecture* (N. Y., 1963)]等，均引用梁思成中國建築內之屋頂形式及資料。時至今日為止，甚多梁氏所撰寫書內之資料仍為最詳盡者。以下為中國屋頂構造之術語與中國建築六種屋頂構造之說明：

術語

㈠正脊——屋頂頂端之主要橫樑，亦稱主梁或正梁。

㈡垂脊——連接主樑兩端而下之屋樑，在屋頂之兩邊。在歇山式屋頂構造中，前後垂脊間為山面。

(三)兩山博脊——兩山垂脊下，連接前後垂脊下端之橫樑。

(四)重檐下檐博脊——上層屋簷下之橫樑。

(五)重檐下檐角脊——下層屋簷下之橫樑。

(六)戧脊——垂脊末端附近伸延至簷角之樑。

(七)鴟尾或正吻——正脊兩末端似魚尾狀或以口含正脊上有劍把之飾物。

(八)墀頭——山牆伸出至檐柱外之部份。

(九)螻蟈垂脊——捲棚式建築兩側之垂脊。

(十)寶頂——圓、方攢尖建築物頂上之瓶狀或球狀裝飾。

形式

(一)廡殿式——屋頂前後左右四面均有斜坡的建築，共有五脊，亦稱五脊殿。

(二)懸山式——亦稱挑山，屋頂結構大致與硬山相同，但屋簷伸出山牆以外。

(三)硬山式——屋頂只有前後兩坡，左右兩端是兩面山牆。

(四)歇山式——為廡殿與懸山之綜合，多為重簷，兩側有三角形之山面。

(五)圓、方攢尖——屋頂上有寶頂。多為圓形或四方形建築物。

(六)捲棚式——與硬山相似，但屋頂上並無正脊出現，兩端亦無鴟尾或正吻之裝飾。

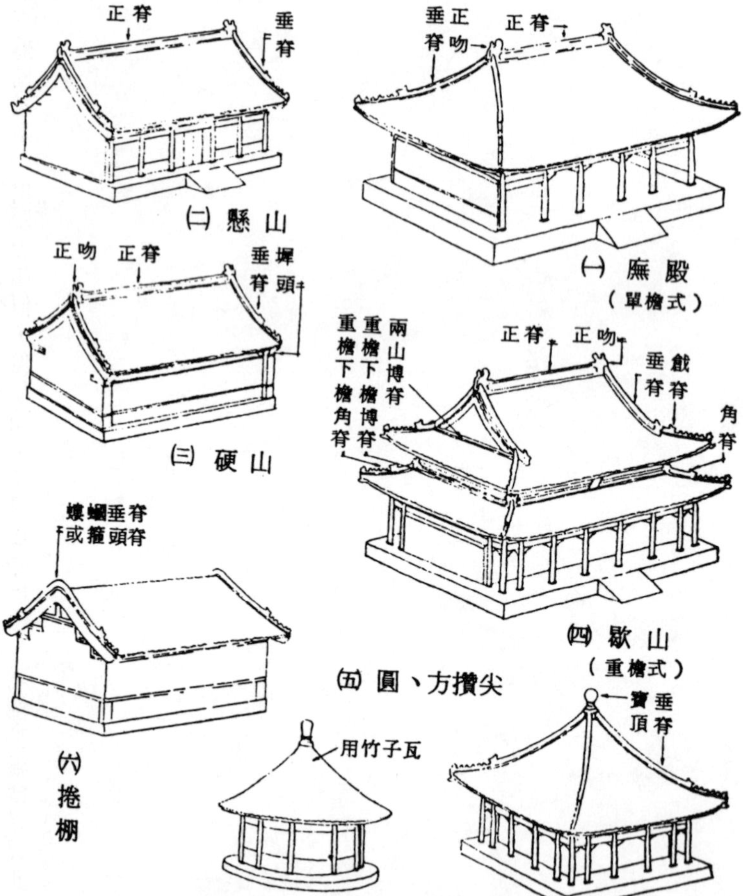

取材自梁思成編「中國建築資料集成」
（台南，民國五十八年），一八二頁。

附錄五　高雄佛光山佛教大學教育課程

據《佛光山》（高雄，一九七五）第五十四頁之記載，佛教大學之一般基本課程為：中國文學、中國哲學、西洋哲學、世界通史、邏輯學、英文、日文、佛學概論、佛學及佛教史研究方法等。佛教大學有五個學院，廿五系：

一、佛教學院

㈠阿含(Āgama)
㈡唯識(Vijñānamātravāda)
㈢天台
㈣華嚴(Avataṁsa)
㈤般若(Prajñā)
㈥三論(Mādhamikas)
㈦楞嚴(Sūraṅgama)

㈧佛教史

二、實踐學院

㈠禪
㈡淨土
㈢律
㈣真言

三、教育與管理學院

㈠社會福利
㈡傳道
㈢管理
㈣住持訓練

四、藝術學院

㈠雕刻
㈡繪畫
㈢音樂
㈣建築

五、語言學院

㈠佛教英語

㈡佛教日語

㈢梵文

㈣巴利文

㈤藏文

附錄六　臺灣略圖

(Map of Taiwan)

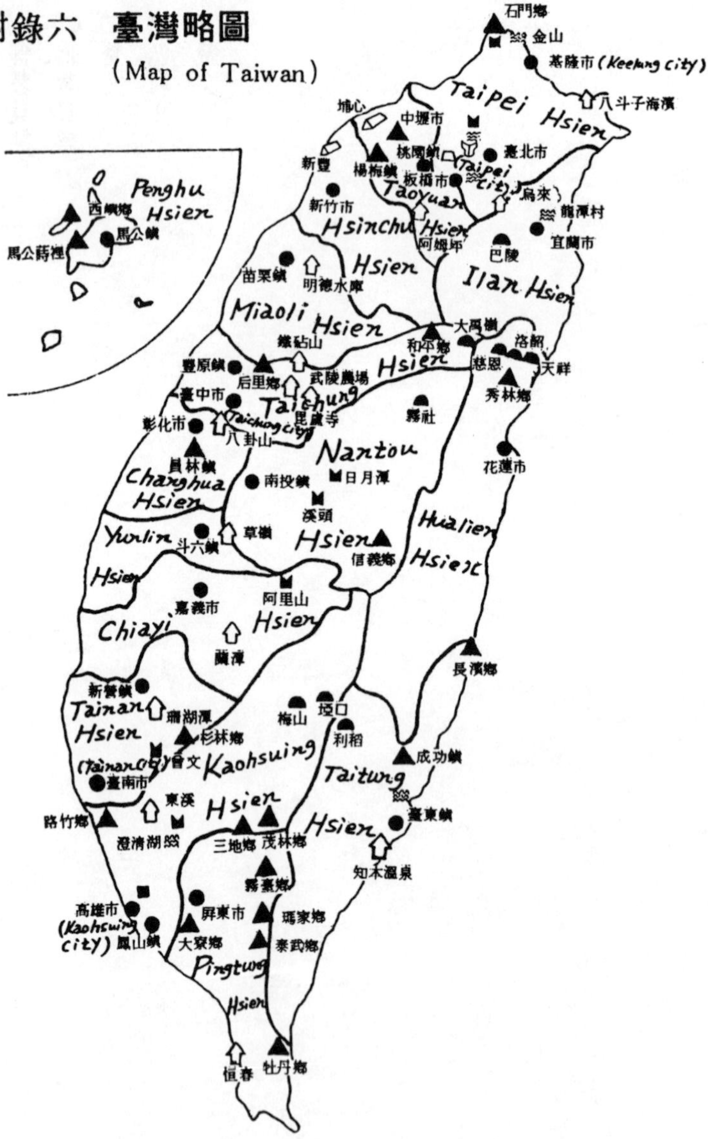

附錄七　中國略圖（部份）

(Map of China(partial))

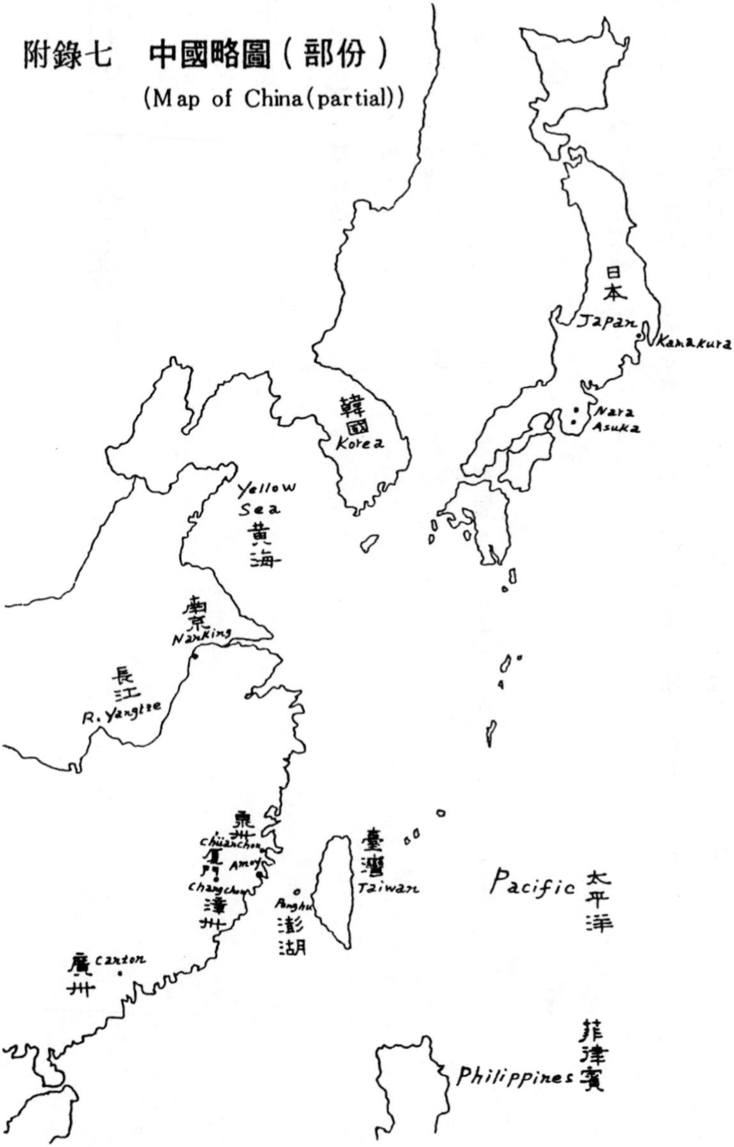

引用中文書目

第一章

《明史》「雞籠傳」。

《明外史》「流球傳」。

林熊祥，《台灣史略》，台北，一九六三。

漢客，大專評鑑，《中央日報》（第四版），台北，一九七五、一、十八。

第二章

王禮編，《台灣縣志》。

盧嘉興，「台灣最早興建的寺廟」，《古今談》第四期，台北，一九六五。

黃啟明，「艋舺與龍山寺」，《台北文物》第二期，台北，一九五三。

「竹溪寺—台灣第一座寺廟」，《古今談》第九期，台北，一九六五。
李添春，「台北地區之開拓與寺廟」，《台北文獻》第一期，台北，一九六二。
野上俊靜著、釋聖嚴譯，《中國佛教史概說》，台北，一九七三。
釋善因，《學佛行儀》，高雄，佛光山，一九七三。
劉枝萬，「清代之台灣寺廟」，《台北文獻》第六期，台北，一九六三。
林衡道，「台北市的寺廟」，《台北文獻》第二期，台北，一九六二。
佛光山編，《佛光山》，高雄，一九七五。
蓮華學園編，《蓮華園記》，台北，一九七四。

第三章

高拱乾，《台灣府志》。
林謙光，《台灣紀略》。
廢廬主人，「蔣允君擴建法華寺」，《古今談》第廿四期，台北，一九六七。
連橫，《台灣通史》卷廿二。
《淡水廳志》。
《法苑珠林卷》四十二。

《隋書》「韓擒虎傳」。

李根源，「艋舺寺廟記」，《台北文物》第二期，台北，一九五三。

林衡道，「獅頭山附近各鄉民間信仰調查」，《台灣文獻》第十三卷第三期，台北，一九六二。

「台灣的古剎名山」，《台灣文獻》第四期，台北，一九六四。

盧嘉興，「北園別館與開元寺」，《古今談》第廿七、廿八期，台北，一九六七。

《北史》「魏紀」。

《續高僧傳》卷五。

龍山寺編，《艋舺龍山寺全志》，台北，出版時間不詳。

《南史》「虞愿傳」。

《洛陽伽藍記》卷一、二、三、四。

《高僧傳》「慧遠傳」。

湯用彤，《漢魏兩晉南北朝佛教史》，台北，一九六二。

圓瑛，《阿彌陀經句解要義》，台北，一九五七。

丁福保，《佛學大辭典》，台北，一九七四。

玄奘，《西域記》卷一。

黃懺華，《中國佛教史》，台北，一九七四。
《舊唐書》「玄奘傳」。
彭思珩，《慈航》，台北，一九六三。
釋曉雲，《佛教與時代》，台北，出版時間不詳。
「禪畫與園林思想」，《佛教文化報》第三期，台北，一九七六。
「祖師禪」，《佛教文化報》第二期，台北，一九七三。
釋廣元，「發展佛教事業」，《中央日報》（第三版），台北，一九七七、四、八。
中國佛教會，《中國佛教會報告》，台北，一九五一。
佛教文化研究所編，《二十年來佛教經書論文索引》，台北，一九七二。
《華嚴經書鈔》卷八。
《蓮宗寶鑑》。
戰德克，《歧路指歸》，台北，出版時間不詳。
《後漢書》「陶謙傳」。
《吳書》「劉繇傳」。
宏法寺，《慈恩獎學金之緣起》，高雄，一九七一。
《天台仁王經疏》卷一。

《新譯仁王經》卷一。
黃華節，「廟宇的社會機能」，《東方雜誌》第七期，台北，一九六八。
賴水木，「地方新聞集錦」，《海外學人》第五十五期，台北，一九七六。
中國佛教會編，《佛教朝暮課誦》，台北，一九七三。
靈巖山寺，《靈巖山寺念誦儀規》，台北，一九七三。
田博元，《廬山慧遠學述》，台北，一九七四。
《祐錄》卷七、十五。
《高僧傳》「道安傳」。
《智度論》卷三、十三、四十七、五十九。
《後漢書》「楚王英傳」。
《出三藏記集》「慧遠傳」
瑞成書局編，《佛門必備課誦本》，台北，一九五四。
百丈，《百丈叢林清規證義記》，台北，一九七四。
黃智海，《朝暮課誦》，香港，出版時間不詳。
《法華經》「藥王品」「方便品」。
《楞嚴經》卷七。

《千手經》卷一。
《涅槃經》卷十一、
《大日經疏》卷一、五、七、八、十六、十八。
《如意輪菩薩瑜珈經》（一卷）。
《長阿含經》卷一、十八。
《增一阿含經》卷四十四。
《阿彌陀經》卷一。
《佛祖統紀》卷十一。
義淨，《南海寄歸內法傳》卷四。
靈巖山編，《靈巖山志》卷六，台北，一九七三。
虛雲，《禪七開示錄》，高雄，一九六六。
《魏書》「釋老志」。
《僧史略》卷一。
《十二遊經》卷一。
《法華經》「序品」。

第四章

方豪，「台北市的寺廟與地方發展之關係」，《現代學苑》第二期，台北，一九六五。
黃啟木，「分類械鬥與艋舺」，《台北文物》第二卷第一期，台北，一九五三。
陳大東，《台灣之民間信仰與中國文化》，台北，一九六三。
方鵬程，「元宵談花燈」，《中央日報》（第三版），台北，一九七七、三、三。
《法滅盡經》卷一。
梁思成，「中國建築與建築家」，《文物》第十期，北平，一九五三。
「古代建築」，《文物》第十期，北平，一九五三。
《清式營造算例》，台北，一九六八。
《中國建築》，台南，一九六九。
祁英濤，「中國古建築時期的鑑定」，《文物》第四期，北平，一九六五。
「兩年來山西省發現的古建築」，《文物》第十一期，北平，一九五四。
林釗，「泉州開元寺大殿」，《文物》第二期，北平，一九五九。
中國科學院考古研究所，「唐青龍寺遺址發掘報告」，《考古》第五期，北平，一九七四。

伊東忠太著、陳清泉譯，《中國建築史》，台北，一九七五。
《慧苑音義》卷一。
《涅槃經》卷九。
湖北博物館，「盤龍城一九七四年度田野考古紀要」，《文物》第二期，北平，一九七六。
《慧琳音義》卷十二。
《華嚴經疏鈔》卷八。
《華嚴經》卷四十八。
席德進，《台灣民間藝術》，台北，一九七六。
邢福泉，《中國佛教藝術思想探原》，台北，一九七〇。
《心地觀經》卷二。
《佛智論》卷三。
俞劍華，《中國繪畫史》，台北，一九七〇。
慈雲寺編，《慈雲岩史》，台北，一九六七。
《觀世音菩薩授記經》卷一。
《曼殊室利經》卷一。

《法華義疏》卷一、二、十二。
《地藏本願經》卷二。
《演密鈔》卷五。
《藥師經》卷一。
《觀頂經》卷二。
《唐高僧傳》「智興傳」。
《佛祖統紀》卷六。
羅哲文，「童子寺」，《文物》第四期，北平，一九五五。
「燕北古建築的勘查」，《文物》第三期，北平，一九五三。
《賢愚經》卷六。
《維摩經》「佛道品」「入不二法門品」「方便品」。
《大乘義章》卷十五。
辜其一，「四川唐代摩崖中發現的建築形式」，《文物》第九期，北平，一九六一。
傅熹年，「唐代大明宮含元殿之探討」，《文物》第八期，北平，一九七三。
「唐長安大明宮含元殿原狀的探討」，《文物》第七期，北平，一九七三。
盧繩，「承德外八廟建築」，《文物》第十期，北平，一九五六。

《宣和畫譜》。
蘇瑩輝，《敦煌論集》，台北，一九六九。
《四天王經》卷一。
秦孟瀟，《玄奘》，台中，一九七四。
江蘇博物館，《江蘇出土文物集》，南京，一九六二。
中國科學院，「漢魏洛陽城初步勘查」，《考古》第四期，北平，一九七三。
「漢魏洛陽城一號房址和出土的瓦當」，《考古》第四期，北平，一九七三。
《止觀輔行》卷一。
李作智，「隋唐勝州榆林城的發現」，《文物》第二期，北平，一九七六。
《釋氏要覽》卷二。
《玄應音義》卷二十。
西安博物館，《西安歷史遺跡與文物》，西安，一九五九。
佘我，「普陀山之遊」，《暢流》第十期，台北，一九七七。
鄭別駕，《福州指南》，上海，一九三五。
《寶積經》卷四十九。
《毘奈耶雜事》卷十七。

八卦山觀光委員會，《八卦山簡介》，彰化，一九七二。
《涅槃經疏》卷十四。
陳國寧，《敦煌壓畫佛像圖研究》，台北，一九七三。
《毘尼日用切要》卷一。

第五章

陳世空，「海天遊蹤」，《中央日報》（第四版），台北，一九七七。
「不要鋪張」（短評），《中央日報》（第四版），台北，一九七七。
朱景宏，《唐朝名畫錄》卷一。

書目(BIBLIOGRAPHY)

※含(一)引用及參考英文書目。(二)英譯引用中文書目。

Anesaki, Masaharu. *Buddhist Art in Its Relation to Buddhist Ideals*. N.Y., 1923.

Archaeologia Sinica, "T'ang Ch'ing Lung Ssu Yi Chih Fa Chüeh Pao Kao (Report of the Excavation of the Remains of the Ch'ing Lung Ssu of the T'ang Dynasty)," *K'aogu*, V (1974)

Beal, Samuel. *Buddhist Literature in China*. London, 1882.

The Buddhist Record of Western Kingdoms. Delhi, 1869.

Bijutsu Shuppan-sha (ed.). *Nihon Bijutsu Zenshi (History of Japanese Art)*. Tokyo, 1959.

Blaser, Werner. *Structure and Form in Japan*. N.Y., 1963.

Blofeld, John. *Jewel in the Lotus*. London, 1948.

Boerschmann, Ernst. *Chinesische Pagoda*. Berlin, 1931.

Bowie, Theodore (ed.). *The Sculpture of Thailand*. N.Y., 1972.

Boyd, Andrew. *Chinese Architecture and Town Planing*. Chicago, 1962.

Chan, Te-ke. *Ch'i Lu Chih Kuei (Guide to the Right Way)*. Taipei, n.d.

Chan, Wing-tsit. *Religious Trends in Modern China*. N.Y., 1969.

Ch'ang Ahan Ching (Dirghāgama). Vol. 1. Taipei, 1955.

Chang, K. C. *The Archaeolgy of Ancient China.* New Haven, 1963.

Chekiang Museum (ed.). "Chekiang Shui An Peh Sung Hui Kuang T'a Chu T'u Wen Wu (Objects Found Under the Ground of Hui Kuang Pagoda of the Northern Sung Dynasty at Shui An, Chekiang)," *Wen Wu,* 1 (1973)

Ch'en, Kenneth K. S. *Buddhism in China.* Princeton, 1964.

Ch'en Kuo-ning, *Tun Huang Pi Hua Fo Hsiang T'u Yen Chiu (A Survey of the Buddhist Images in the Mural Paintings at Tun Huang).* Taipei, 1973.

Ch'en Ta-tung. *Taiwan Chih Ming Chien Shin Yang Yü Chung Kuo Wen Hua (Common People's Belief in Taiwan and Its Relation with Chinese Culture).* Taipei, 1963.

Cheng, Pieh-chia. *Fu Chou Chih Nan (Guide to Fu Chou).* Shanghai, 1935.

Chi, Yin-t'ao. "Chung Kuo Ku Kien Chu Shih Ch'i Ti Chien Ting (The Examination for the Dates of Chinese Ancient Architectures)," *Wen Wu*, V (1965)

"Liang Nien Lai Shansi Sheng Fa Hsien Ti Ku Kien Chu (Old Architectures Found in Shansi between 1953 and 1954),"

Wen Wu, XI (1954)

Chien Shou Ching (Thousand Arms Sūtra), Vol. 1. Taipei, 1955.

Chih Kuan Fu Sing (Supplements to Meditation Practice). Vol. 1. Taipei, 1955.

Chih Tu Lun (Commentary on Prajñā-pāramitā Sūtra), Vols. 3, 7, 13, 47, 59. Taipei, 1955.

Ch'in, Meng-hsiao. *Hsüan Tsang (Hsüan Tsang)*. Taichung, 1974.

Chin Kang Ching (Vajra-cckedikā-prajñāparamitā Sūtra), Vol. 1. Taipei, 1955.

China Academy of Science (ed.). "Han Wei Lo Yang Ch'eng Tso Pu K'an Ch'a (Preliminary Survey of the Remains of Lo Yang during the Han & Wei Dynasties)," *K'aogu*, IV (1973)

China Publishing Co. *China Yearbook*. Taipei, 1974.

Chinese Buddhist Association. *Fo Chiao Chao Mu K'o Sung (Buddhist Liturgy and Ritual for Morning and Evening Studies)*. Taipei, 1973.

Chiu T'ang Shu (Old T'ang History), "Hsüan Tsang Chüan (Biography of Hsüan Tsang)".

Ch'u San Tsang Chi Chi (Collection of Records Concerning the Tripitaka), Vol. 10. Taipei, 1955.

Chung Hua Information Service (ed.). *Questions and Answers About the Republic of China*. Taipei, 1977.

Chung Kuo Fo Chiao Hui. *Chung Kuo Fo Chiao Hui Pao Kao (Report of Chinese Buddhist Association)*. Taipei, 1954.

Contag, Victoria. *Chinese Masters of the 17th Century*. London, 1969.

Conze, Edward. *Buddhism: Its Essence and Development*. N.Y., 1959.

Coomarasway, A. K. *History of Indian and Indonesian Art*. N.Y., 1927.

Hinduism and Buddhism. N.Y., n.d.

Couling Samuel. "Chinese Pagoda," *Royal Asistic Society Journal*. Shanghai, 1915.

Dalia, Albert. "How I Came to Study Buddhism," *The Pure Moon*, VII (1973)

d'Argence, Rene-yoon Lefebore (ed.). *Chinese, Korean and Japanese Sculpture*. N.Y., 1974.

Dehejia, Vidya. *Early Buddhist Rock Temples*. Cornell, 1972.

De Silva, Anil. *The Art of Chinese Landscape Painting*. N.Y., 1967.

Eberhard, W. "Economic Activities of a Chinese Temple in California," *Journal of Oriental Society*, 111 (1962)

"Topics and Mural Values in Chinese Temple Decorations," *Journal of Oriental Society*, 1 (1967)

Eitel, E. J. *Sanskrit-Chinese Dictionary*. London, 1870.

Europa Publications, Ltd. (ed.). *The Far East and Australasia*. London, 1974.

Fa Hua Ching (Saddharma-pundarika Sūtra or the Lotus Sūtra). Taipei, 1955.

Fa Hua Yi Shu (Commentary on Fa Hua Ching), Vols. 1, 2, 12. Taipei, 1955.

Fa Mieh Chin Ching (Sūtra of the Extinction of the Law), Vol. 1. Taipei, 1955.

Fa Yüan Chu Lin (Collected Stories on Chinese Buddhism), Vol. 42. Taipei, 1971.

Fang, Hao. "Taipei Shih Ti Ssu Miao Yü Ti Fang Fa Chan Chih Kuan Hsi (The Shrines and Temples at Taipei and Their Relations with Local Development)," *Hsien Tai Hsueh Yuan*, 11 (1965)

Fang, P'eng-ch'eng. "Yuan Hsiao Tan Hua Teng (Discussing Lantern on Yüan Hsiao Festival)," *Central Daily News*, March 3, 1977.

Fei Lu Chu Jen. "Tainan Ku Sha: Mi To Ssu (Mi To Ssu-the Old Buddhist Temple of Tainan)," *Ku Chin Tan*, XXIX (1967)

"Chiang Yü-hsün T'o Chien Fa Hua Ssu (Chiang Yü-hsün Expanded the Fa Hua Temple)," *Ku Chin Tan*, XXIV (1967)

Fergusson, James. *History of Indian and Eastern Architecture*. N.Y., 1969.

Ferguson, John C. *Survey of Chinese Art*. Shanghai, 1930.

Fo Chih Lun (Commentary on Buddha's Wisdom), Vol. 3. Taipei, 1955.

Fo Kuang Shan (ed.). *Fo Kuang Shan*. Kaohsuing, 1975.

Fo Tsu T'ung Chi (Record of the Lineage of the Buddha and Patriarchs), Vol. 11. Taipei, 1955.

Fu, Hsi-nien. "T'ang Chang An Ta Ming Kung Han Yüan T'ien YÜan Chuang Ti T'an T'ao (The Restoration of the Han Yüan T'ien of the Ta Ming Kung at the T'ang Capital Chang An)," *Wen Wu*, VII (1973)

"T'ang Tai Ta Ming Kung Han Yüan T'ien Chih T'an T'ao (Discussing of Han Yüan T'ien of Ta Ming Kung of the T'ang Dynasty)," *Wen Wu*, VIII (1973)

Gamer, Nigel and Brake, Brian. *Peking, A Tale of Three Cities*, N.Y., 1965.

Getty, Alice. *The Gods of Northern Buddhism*. Oxford, 1928.

Gorden, Leonard H.D. (ed.). *Taiwan, Studies in Chinese Local History*. N.Y., 1970.

Gray, Basil. *Buddhist Cave Paintings at Tun-Huang*. Chicago, 1959.

Grootaers, W. A. "Temples and History of Wan Chuan," *Monumenta Serica, Journal of Oriental Studies*, XIII (1948)

Hackin, J. *Studies in Chinese Art and Some Indian Influences*. London, 1938.

"The Colossal Buddhas at Bamiyan and Their Influence on Buddhist Sculpture," *Eastern Art*, 1, No. 2, 1928.

Hall, John Whitney. *Japan: from Prehistory to Modern Times*. N.Y., 1971.

Han K'o. "Ta Chuan P'ing Chien (The Evaluation for Taiwanese Colleges)," *Central Daily News*, January 18, 1975.

Hou Han Shu (History of the Later Han Dynasty), "Biography of T'ao Ch'ien" and "Biography of Ch'u Wang Ying".

H*sien Yü Ching (Wisdom and Ignorance Sūtra)*, Vol. 6, Taipei, 1955.

Hsing, Fu-ch'üan. *Chung Kuo Fo Chiao Yi Su Ssu Hsian T'an Yüan (The Essence of the Thought of Chinese Buddhist Art)*. Taipei, 1970.

Hsing Ti Kuan Ching (Sūtra of Concentrating Mind), Vol. 2. Taipei, 1955.

Hsü Kao Seng Chüan (Supplements to the Biographies of the Highest Buddhist Monks), Taipei, 1963.

Hsü Yün. *Ch'an Ch'i K'ai Shih Lu (Instructions for Ch'an Ch'i)*. Kaohsuing, 1966.

Hsüan Ho Hua P'u (The Catalogue of the Emperor Hui Tsung's Collection of Painting). Taipei, 1960.

Hsüan Tsang. *Hsi Yü Chih (The Buddhist Record of Western Kingdoms)*. Taipei, 1971.

Hsüan Yin Yin Yi (Sound and Meanings in Buddhist Texts Explained by Hsüan Yin), Vol. 20. Taipei, 1955.

Hua Hsia Publications (ed.). *Magnificent China*. Hong Kong, 1972.

Hua Yen Ching (Avatamsaka Sūtra), Vol. 48. Taipei, 1955.

Hua Yen Ching Shu Chao (Commentary on Hua Yen Ching), Vol. 8. Taipei, 1955.

Huang, Chan-hua. *Chung Kuo Fo Chiao Shih (History of Chinese Buddhism)*. Taipei, 1974.

Huang, Ch'i-ming. "Meng Chia Yü Lung Shan Ssu (Meng Chia and Lung Shan Ssu)," *Taipei Wen Wu*. 11 (1953)

Huang, Ch'i-mu. "Fen Lui Hsieh Tou Yü Meng Chia (Group Fighting and Meng Chia)," *Taipei Wen Wu*, 1 (1953)

Huang, Chih-hai. *Chao Mu K'o Sung (Buddhist Liturgy and Ritual for Morning and Evening Studies)*. Hong Kong, n.d.

Huang, Hua-chieh. "Miao Yü Ti She Hui Chi Neng (The Social Function of Temples and Shrines)," *Tung Fang Tsa Chih*, VII (1968)

Hui Lin Yin Yi (Hui Lin's Note on Hua Yen Ching), Vol. 12. Taipei, 1955.

Hung Fa Ssu (ed.). *Tz'u En Chiang Hsüeh Chi Chin Hui Yüan Ch'i (The Origin of Tz'u En Scholarship Foundation)*. Kao-hsuing, 1971.

Hupeh Museum (ed.). "P'an Lung Ch'eng Yi Chiu Ch'i Shih Nien Tu T'ien Yeh Kao Ku Chi Yao (A Brief Report on the

1974 Excavation of a Shang Dynasty Palace Site at the Ancient City of P'an Lung)," *Wen Wu*, 11 (1976)

Institute for the Study of Buddhist Culture (ed.). *Erh Shih Nien Fo Chiao Ching Shu Lun Wen Soh Yin (Catalogue of Published Chinese Buddhist Articles and Books during the Last 20 Years)*. Taipei, 1972.

Cool Purity, An Exhibition of Buddhist Art. Taipei, 1974.

Ito, Chuta. Trans. Ch'en Ch'ing-ch'üan. *Chung Kuo Kien Chu Shih (History of Chinese Architecture)*. Taipei, 1975.

Jui Ch'eng Publisher. *Fo Men Pi Pei K'o Sung Pen (Handbook of Buddhist Ritual and Liturgy)*. Taipei, 1954.

Ju Yi Lun P'u Sa Yu Chia Ching (Cintāmaṇicakra Sūtra), Vol. 1. Taipei, 1955.

Kao, Kung-ch'ien (ed.) *Taiwan Fu Chih (Record of Taiwan Fu)*

Kao Seng Chüan (Biographies of the Highest Buddhist Monks), "Biography of Tao An" and "Biography of Hui Yüan". Taipei, 1963.

Kiangsu Museum. *Kiangsu Chu T'u Wen Wu Chi (Collected Objects Found in Kiangsu)*. Nanking, 1962.

Ku, Ch'i-yi. "Szechwan T'ang Tai Mo Yai Chung Fa Hsien Ti Kien Chu Hsing Shih (The Types of Architecture as Reflected on the Cliff Sculpture of the T'ang Dynasty in Szechwan Province)," *Wen Wu*, XI (1961)

Kuan Shih Yin P'u Sa Shou Chi Ching (Sūtra of Kuan Yin Awarded Postition by Buddha), Vol. 1. Taipei, 1955.

Kuan Ting Ching (Mūrdhābhisikta Sūtra), Vol. 1. Taipei, 1955.

Kuan Wu Liang Shou Ching (Aparimitāyuh Sūtra), Vol. 1. Taipei, 1955.

Lai, Shui-mu. “Ti Fang Shin Wen Tsi Chin (The Local News of Taiwan),” *Hai Wai Hsüeh Jen*, No. 55 (1976)

Lee, Sherman E. *A. History of Far Eastern Art*. N.Y., n.d.

LeMay, Rginald. *A Concise History of Buddhist Art in Siam*. Cambridge, 1938.

Leng Yen Ching (Sūraṅgama Sūtra), Vol. 7. Taipei, 1955.

Li, Ken-Yüan, “Meng Chia Ssu Miao Chi (The Temples and Shrines at Meng Chia),” *Taipei Wen Wu*, 11 (1953)

Li, Tien-ch'un. “Taipei Ti Chü Chih K'ai T'o Yü Ssu Miao (The Development of Taipei and Its Temples),” *Taipei Wen Hsien*, 1 (1962)

Li, Tso-chih. “Sui T'ang Sheng Chou Yülin Ch'eng Ti Fa Hsien (Reconnaissance of the Site of Yülin City of Sheng Chou during the Sui & T'ang Dynasties),” *Wen Wu*, 11 (1976)

Liang, Ssu-ch'eng. *Chung Kuo Kien Chu (Chinese Architecture)*. Tainan, 1969.

Ch'ing Shih Yin Tsao Suan Li (Principles of Construction of the Ch'ing Dynasty). Taipei, 1968.

“Chung Kuo Kien Chu Yü Kien Chu Chia (Chinese Architecture and Architects),” *Wen Wu*, X (1953)

Lien, Heng. *Taiwan T'ung Shih (History of Taiwan)*. Taipei, 1963.

Lien Tsung Pao Chien (The Treasure of Lotus Sect), Hong Kong, 1967.

Lin, Chao, “Ch'üan Chou K'ai Yüan Ssu Ta T'ien (The Main Hall of K'ai Yüan Ssu in Ch'üan Chou)” *Wen Wu*, 11 (1959)

Lin, Ch'ien-kuang. *Taiwan Chi Lüeh (A Brief Record of Taiwan)*. Taipei, n.d.

Lin, Heng-tao, "Taiwan Ti Ku Sha Ming Shan (Taiwanese Old Temples and Famous Mountains)," *Taiwan Wen Hsien*, XV (1964)

"Taipei Shih Ti Ssu Miao (The Shrines and Temples of Taipei City)," *Taipei Wen Hsien*, 11 (1962)

"Shih T'ou Shan Fu Chin K'uo Hsiang Ming Chien Hsieng Yang Tiao T'sa (Survey of the Common People's Beliefs around the Area of Shih T'ou Shan)," *Taiwan Wen Hsien*, XIII (1962)

Lin, Hsuing-hsiang. *Taiwan Shih Lüeh (A Brief History of Taiwan)*. Taipei, 1973.

Ling Yen Shan Ssu. *Ling Yen Shan Chih (Record of Ling Yen Shan)*. Taipei, 1973.

Ling Yen Shan Ssu Nien Sung Yi Kuei (Liturgy and Ritual of Ling Yen Shan Ssu). Taipei, 1973.

Liu, Chih-wan. "Ch'ing Tai Chih Taiwan Ssu Miao (Taiwanese Temples and Shrines of the Ch'ing Dynasty)," *Taipei Wen Hsien*, VI (1963)

Lo, Che-wen. "T'ung Tzu Ssu (T'ung Tzu Temple)," *Wen Wu*, IV (1955)

"Ch'en Te Ku Kien Chu Chih Tiao T'sa (Survey of the Old Architectures at Ch'en Te)," *We Wu*, X (1956)

"Yen Peh Ku Kien Chu Ti K'an Ch'a (Survey of the Old Architectures in Yen Peh)," *Wen Wu*, III (1953)

Lo Yang Chia Lan Chi (Record of the Buddhist Temples in Lo Yang). Taipei, 1974.

Lotus Buddhist Ashram (ed.). *Lien Hua Yüan Chi (Record of the Lotus Buddhist Ashram)*. Taipei, 1974.

Lu, Chia-hsing, "Taiwan Tsui Chao Hsing Kien Te Ssu Miao (The Earliest Shrine Established in Taiwan)," *Ku Chin Tan*,

IV (1965)
"Chu Ch'i Ssu: Taiwan Ti Yi Tso Ssu Yüan (Chu Ch'i Ssu: The First Buddhist Temple of Taiwan)," *Ku Chin Tan*, IX (1965)
"Pei Yüan Pieh Kuan Yu K'ai Yüan Ssu (Pei Yüan Villa and K'ai Yüan Ssu)," *Ku Chin Tan*, XXVII (1967) and XXVIII (1967)
Lu, Sh'eng. "Ch'en Te Wai Pa Miao Kien Chu (The Eight Temples at Ch'en Te)," *Wen Wu*, X (1956)
Man Shu Shih Li Ching (Mañjuśri Sūtra), Vol. 1. Taipei, 1955.
McCune, Evelyn, *The Art of Korea*. Rutland, 1962.
Melchers, Bernd. *Der Tempelbau Die Lochan von Ling-yan Si*. Hagen, 1922.
Ming Shih (History of the Ming Dynasty), "Record of Keelung".
Ming Wai Shih (The Additional History of the Ming Dynasty), "Record of Liu Chiu".
Mullikin, M. A. *Buddhist Sculpture at Yün Kang Caves*. Shanghai, 1935.
Munsterburg, Hugo, *Art of India and Southeast Asia*. N.Y., 1970.
The Art of Japan. Tokyo, 1972.
Chinese Buddhist Bronzes. Rutland, 1967.
The Art of Chinese Sculpture. N.Y., 1960.

Murata, Toichiro and Ueno, Teruo, "The Horyuji". Tokyo, 1961.

Nan Shih (History of the Southern Dynasties), "Biography of Yü Yüan".

Natio, Toichiro, *The Wall-Painting of Horyuji*. Baltimore, 1943.

Nieh P'an Ching (Nirvāna Sūtra), Vols, 2, 9, 12. Taipei, 1955.

Nieh P'an Ching Shu (Commentary an Nirvāna Sūtra), Taipei, 1955.

Nogmi, Shunjo. Trans. Shih Sheng-yen. *Chung Kuo Fo Chiao Shih K'ai Shuo (A Brief History of Chinese Buddhism)*. Taipei, 1973.

Noma, Seiroku. *Japanese Sculpture*. Tokyo, 1939.

O Mi To Ching (Amitābhavyūha Sūtra). Vol. 1. Taipei, 1955.

O Mi To Ching Yao Chieh Chiang Yi (Commentary on Amitābhavyūha Sūtra). Taipei, 1957.

Pa Kua Shan Scenery Promotion Committee (ed.). *Pa Kua Shan Chien Chieh (Introduction to Pa Kua Shan)*. Changhua, n.d.

Pai Chang. *Pai Chang Ts'ung Liu Ch'ing Kuei Cheng Yi Chi (Pai Chang's Pure Rules for Large Monasteries with Explanatory Notes)*. Taipei, 1974.

Paine, Robert T. and Soper, Alexander. *The Art and Architecture of Japan*. Baltimore, 1960.

Pannel, Clifton W. "City and Regional Countries in Taiwan," *Journal of the Chinese Society*, VII (1970)

Pao Chi Ching (Ratnarāśi Sūtra), Vol. 49. Taipei, 1955.

Pei Shih (History of the Northern Dynasties), "Record of the Northern Wei Dynasty".

P'i Lai Yeh Tsa Shih (The matters of Lü Tsung or Vinaya). Taipei, 1955.

P'i Li Jih Yung Ch'ieh Yao (Outline of the Daily Rule in Vinaya). Taipei, 1955.

Pirazzoli-Tserstevens, M. *Living Architecture: Chinese*. N.Y., 1971.

Prince, Tony, "Buddhism and Buddhist Studies," *The Pure Moon*, VII (1973)

Rowland, Benjamin, *The Evolution of the Buddha Image*. N.Y., 1963.

"Bodhisattva or Deified King: A Note on Gandhara Sculpture", *Archives*, XV (1961)

Sargent, G. E. "Tan-yao and His Time," *Monumenta Serica, Journal of Oriental Strdies*, XVI, fasel 2 (1957)

Saunders, Dale E. *Mudra*. N.Y., 1960.

Seckel, Dietrich. *The Art of Buddhism*. N.Y., 1964.

Shen Shih Lüeh (A Brief History of Buddhist Monks), Vol. 11. Taipei, 1977.

Sheng Wu Liang Shou T'o Lo Ching (Sūtra of Amitāyus's Power of Mind-Control). Taipei, 1955.

Shih Er Yu Ching (Dvadaśaviharana Sūtra). Taipei, 1955.

Shih, Hsiao-yün (Hsiao Yün). *Fo Chiao Yü Shih Tai (Buddhism and the Modern Age)*. Taipei, n.d.

"The International Spread of Buddhism," *Tht Pure Moon*, VII (1973)

"Ch'an Hua Yü Yuan Lin Ssu Hsian (Ch'an Painting and Garden Thought)," *Journal of Buddhist Culture*, 111 (1976)

"Tsu Shih Ch'an (Ch'an of Bodhidharma)," *Jouranl of Buddhist Culture*, 11 (1973)

Shih, Kuang-yüan (Kuang Yüan). "Fa Chan Fo Chiao Shih Yeh (Developing for Buddhist Business)," *Central Daily News*, Taipei, April 8, 1977.

Shih, Shan-yin. *Hsüeh Fo Hsing Yi (Liturgy and Ritual for the Study of Buddhism)*. Kaohsuing, 1973.

Shih Shih Yao Lan (The Important Records of Buddhism), Vol. 2, Taipei, 1955.

Shin Yi Jen Wang Ching (New Translation of the Benevolence Sūtra), Vol. 1. Taipei, 1955.

Shiy, Te-tsin. *Taiwan Ming Chien Yi Su (Taiwan Folk Art)*. Taipei, 1976.

Sian Museum (ed.). *Sian Li Shih Yi Tsi Yü Wen Wu (Famous Historical Places and Cultural Relics of Sian)*. Sian, 1959.

Sickman, Laurence and Soper, Alexander. *Art and Architecture of China*. Baltimore, 1956.

Siren, Osvald. *The Romance of Chinese Art: Chinese Sculpture*. N.Y., 1936.

Chinese Sculpture from the Fifth to the Fourteenth Centuries. 4 volumes, London, 1929-30.

A History of Early Chinese Art: Architecture. N.Y., 1970.

A History of Early Chinese Art: Sculpture. N.Y., 1970.

Chinese Sculpture 111. N.Y., 1970.

Soothill, William E. and Hodous, Lewis. *A Dictionary of Chinese Buddhist Terms*. Kaohsuing, 1971.

Soper, Alexander, *Literary Evidence for Early Buddhist Art in China*. Switzerland, n.d.

The Evolution of Buddhist Architecture in Japan. Princeton, 1942.

Spink, Walter. *Ajanta to Ellora*. Bombay, 1967.

Ssu T'ien Wang Ching (Sūtra on the Four Celestial Monarchs). Taipei, 1955.

Su, Gin-djih. *Chinese Architecture: Past and Contemporary*. Hong Kong, 1964.

Su, Ying-hui. *The Huang Lun Chi (A Collection of Articles on Tun Huang)*. Taipei, 1969.

Sui Shu (History of the Sui Dynasty), "Biography of Han Ch'in-hu".

Sullivan, Michael. *The Cave Taemple of Machishan*. Berkeley, 1969.

A Short History of Chinese Art. Berkeley, 1970.

The Birth of Landscape Painting in China. Berkeley, 1962.

Suzuki, D. T. *On Indian Mahāyāna Buddhism*. N.Y., 1968.

Swann, Peter *C. The Art of Japan*. N.Y., n.d.

Chinese Monumental Art. N.Y., 1963.

Ta Ch'en Yi Chang (The Meanings of Mahāyāna Buddhism) Vol. 15. Taipei, 1955.

Ta Jih Ching Shu (Commentary on Mahāvairocana Sūtra) Vols. 5, 8, 10, 16, 18. Taipei, 1955.

Takeshi, Kobayashi. *Nara Buddhist Art: Todāi-ji*. N.Y., 1975.

T'ang Kao Seng Chüan (Biographies of the Highest Monks of the T'ang Dynaty), "Biography of Chih Hsing".

T'ang, Yung-t'ung. *Han Wei Liang Tsing Nan Pei Chao Fo Chiao Shih (History of Buddhism in the Han, Wei, Western and Eastern Tsin, and the Southern and Northern Dynasties)*. Taipei, 1962.

Tanshui Ting Chih (Record of Tanshui Ting). Taipei, n.d.

Ti Tsang Pen Yüan Ching (Sūtra of Ksitigarbha's Vows). Vol. 2. Taipei, 1955.

T'ien, Po-yüan. *Lu Shan Hui Yüan Hsüeh Shu (The Theory and Learnning of Hui Yüan of Lu Shan)*. Taipei, 1974.

T'ien *T'ai Jen Wang Ching Shu (Explanation for the Benevolence Ching)*, Vol. 1. Taipei, 1955.

Ting, Fu-pao. *Fo Hsüeh Ta Tz'u Tien (A Dictionary of Chinese Buddhism)*. Taipei, 1974.

To Lo Ni Ching (Dhāranipitaka), Vol. 10. Taipei, 1955.

Tokyo National Museum (ed.). *Pageant of Japanes Art: Architecture and Garden*. Vol. 6, Tokyo, 1952.

Tseng Yi Ahan Ching (Ekottarāgama), Vol. 44. Taipei, 1955.

Tz'u Yün Yen (ed). *Tz'u Yün Yen Shih (History of Tz'u Yün Yen)*. Taipei, 1967.

Waley, Arthur. *A Catalogue of Paintings Recovered from Tun-huang by Sir Aurel Stein*. London, 1931.

Wang, Li (ed.). *Taiwan Hsien Chih (Record of Taiwan Hsien)*. Taipei, n.d.

Wang Sheng Lun (Commentary on the Idea of Going to Western Paradise). Taipei, 1955.

Watson, W. *Archaeology in China*. London, 1960.

Wei Mo Ching (Vimalakirti-nirdeśa Sūtra). Taipei, 1955.

Wei Shu (History of the Northern Wei Dynasty), "Shih Lao Chih (Treatise on Buddhism and Taoism)".

Welch, Holmes. *The Buddhist Revival in China*. Harvard University, 1968.

Buddhism Under Mao. Harvard University, 1972.

The Practice of Chinese Buddhism. Harvard 1973.

Williams, C. A. S. *Outline of Chinese Symbolism and Art Motives*. Shanghai, 1932.

Wright, Arthur. *Buddhism in Chinese History*. Stanford, 1971.

Wu, Nelson. *Chinese and Indian Architecture*. N.Y., 1963.

Wu Shu (History of the Wu Kingdom), "Biography of Liu Yu".

Yang, C. K. *Religion in Chinese Society*. Berkeley, 1961.

Yao Shih Ching (Bhaisajyaguruvai-dūryaprabhāsa sūtra), Vol. 1. Taipei, 1955.

Yen Mi Ch'ao (The Notes for the Commentary on Mahāvairocana Sūtra), Vol. 5. Taipei, 1955.

Yi Ching. *Nan Hai Chi Kuei Nei Fa Chüan (A Record of the Buddhist Kingdoms in the Southern Archipelage)*. Taipei, 1955.

Yü, Kien-hua. *Chung Kuo Hui hua Shih (History of Chinese Painting)*. Taipei, 1970.

Yu Lu (Yu's Catalogue), Vols. 7, 15., Taipei, 1955.

Yü, Wo. "P'u Tuo Shan Chih Yu (Visiting P'u Tuo Shan)," *Ch'ang Liu*, X (1977)

Yüan Ying. *O Mi To Ching Chü Chueh Yao Yi (Commentary on Amitābhavyūha Sūtra)*. Taipei, 1957.

圖一　台北龍山寺元宵節之花燈

圖二　四合院式建築

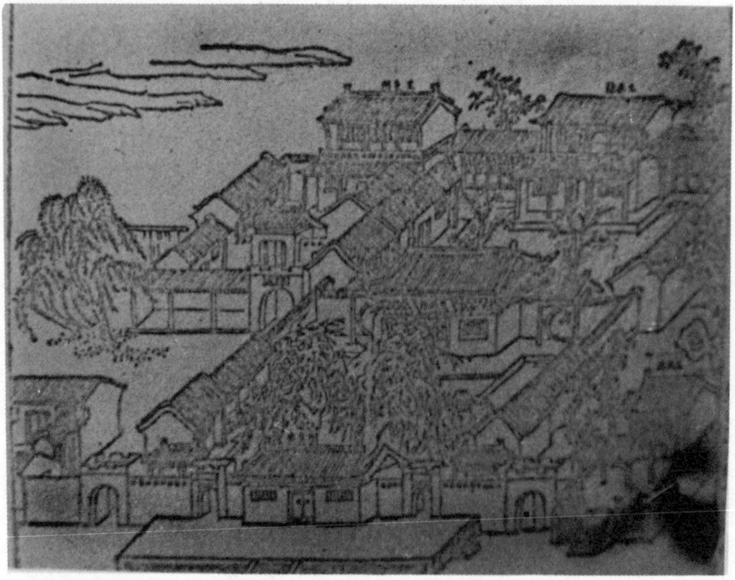

圖三　明朝山西鎮國寺

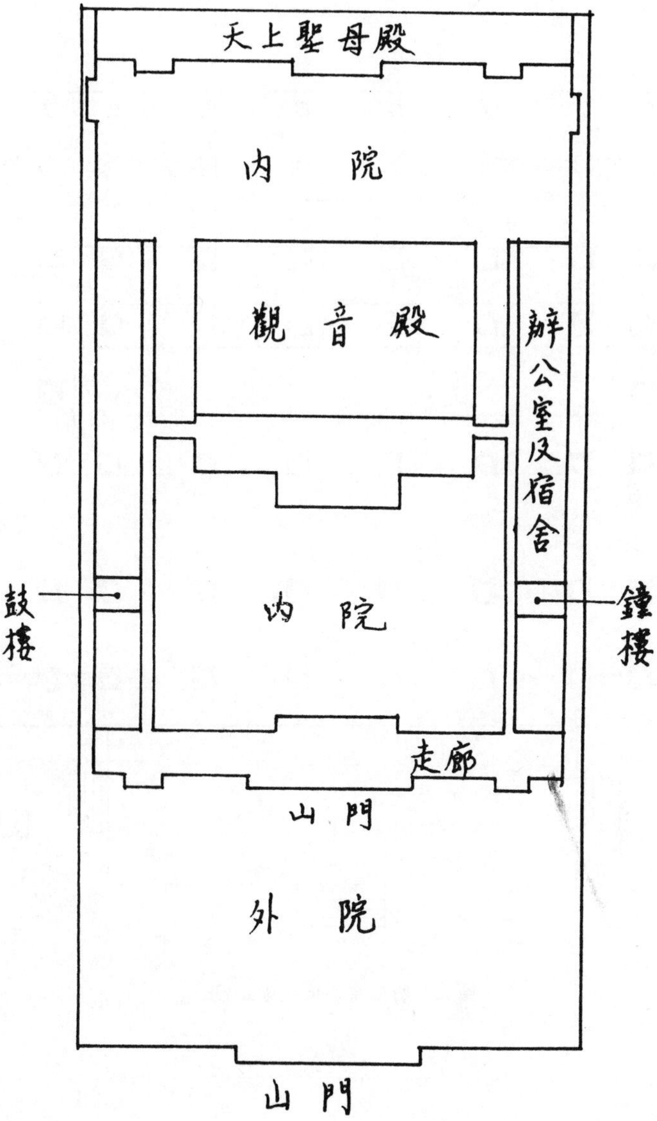

圖四　台北龍山寺配置圖

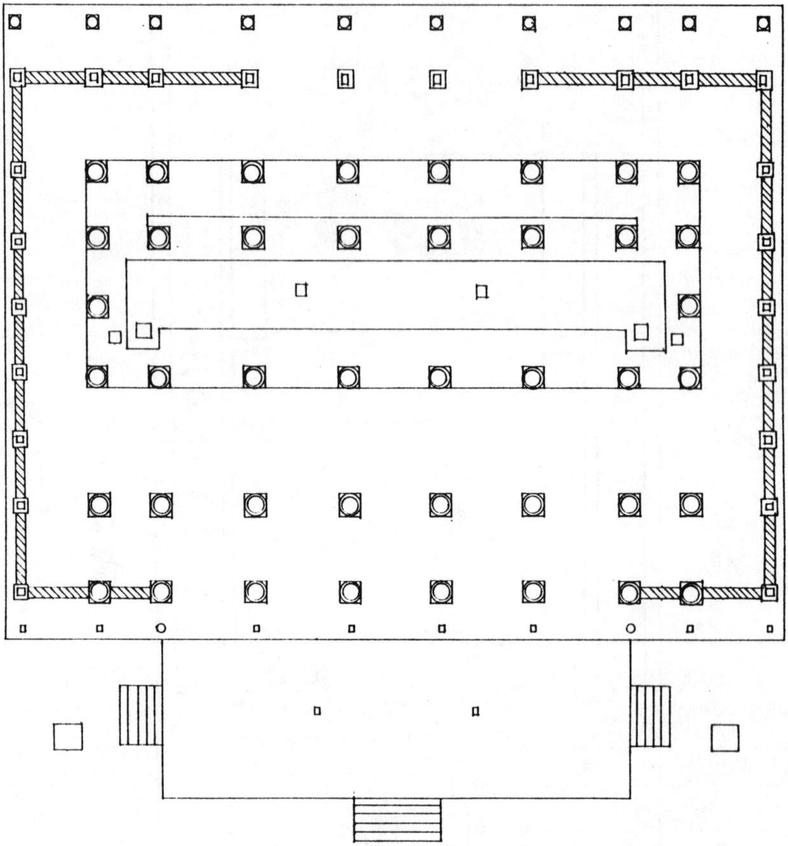

圖五　明朝泉州開元寺正殿

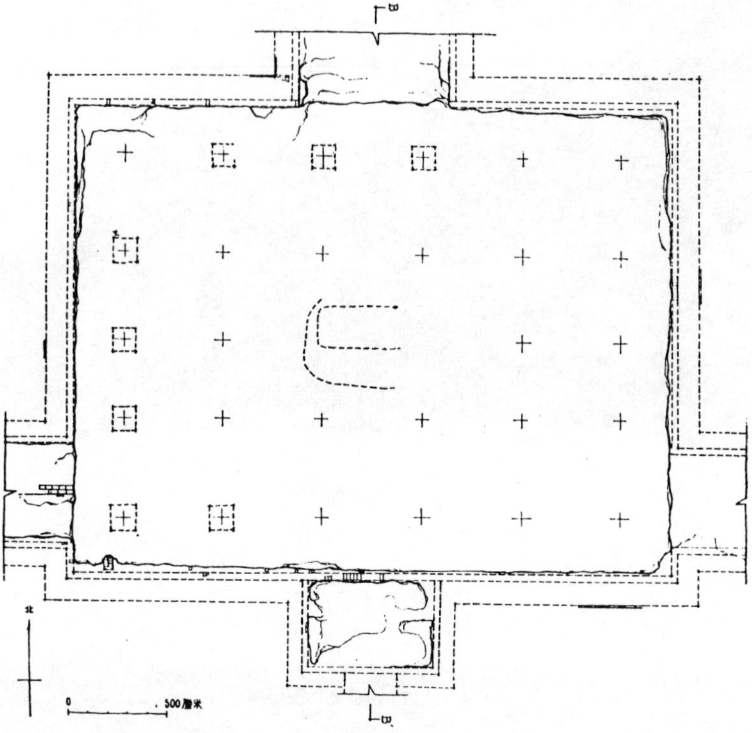

圖六　唐朝長安青龍寺配置圖

圖七　台北龍山寺山門

圖八　北京太和門

圖九　江蘇蘇州虎丘之寺廟

圖一〇　浙江杭州寺廟

圖一一　福建泉州祖祠

圖一二　福建泉州孔廟

圖一三　湖南醴陵孔廟

圖一四　福建蓬萊清水岩

圖一五　新加坡海印寺

圖一六　福建廈門集美學校

圖一七　越南堤岸佛寺

圖一八　浙江溫州江心寺

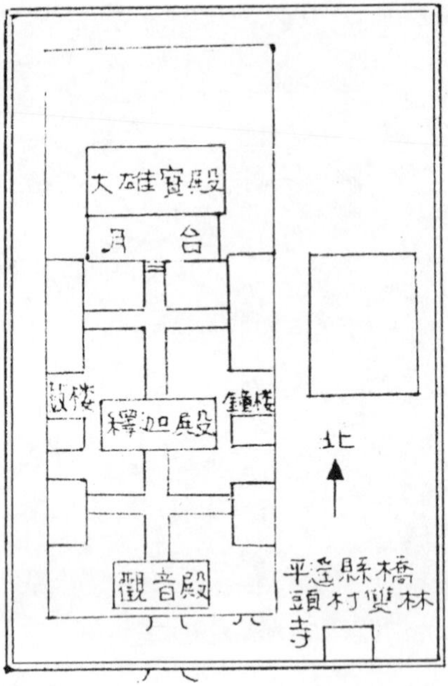

圖一九　山西平遙雙木寺配置圖

圖二〇　敦煌唐朝壁畫

圖二一　台北龍山寺觀音殿

圖二二　山東曲阜孔廟

圖二三　台北龍山寺石柱

圖二四　河北定縣柱礎

圖二五　台北龍山寺石窗

圖二六　台北龍山寺石窗

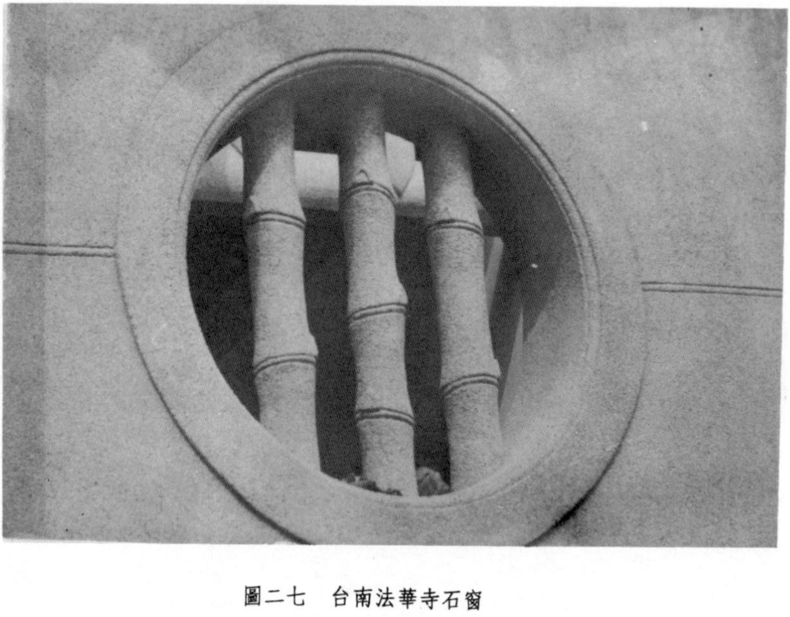

圖二七　台南法華寺石窗

圖二八　桃園民屋

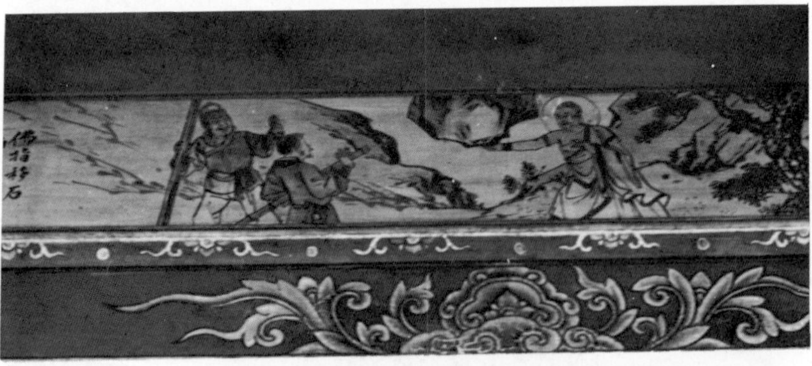

圖二九　「佛指移石」，台北龍山寺

圖三〇　台北龍山寺持國天王

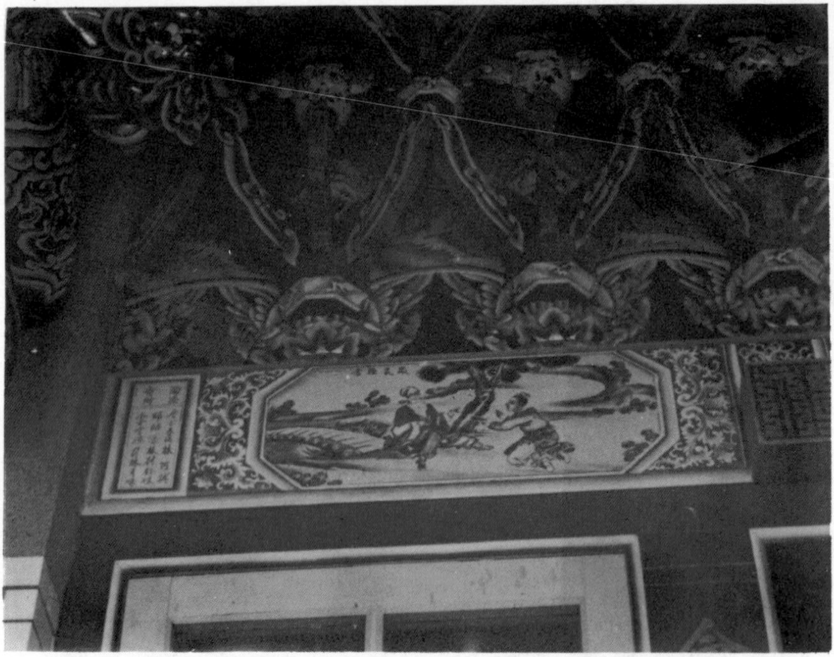

圖三一　「張良受書」，台北龍山寺

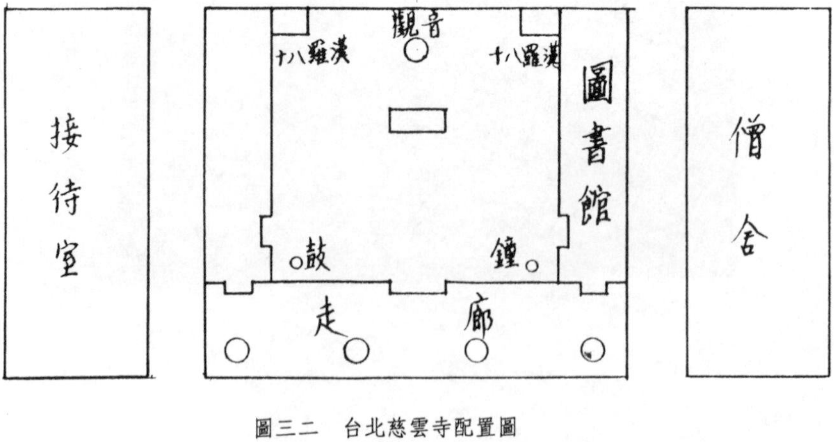

圖三二　台北慈雲寺配置圖

圖三三　台北慈雲寺（一九五四—一九七四）

圖三四　台北慈雲寺正面

圖三五　台北金龍寺正面

圖三六　台北金龍寺正殿屋頂

圖三七　台北慈雲寺簷椽

圖三八　台北金龍寺簷椽

圖三九　台北慈雲寺觀音像

圖四〇　台北金龍寺地藏王菩薩像

圖四一　上海玉佛寺玉佛像

圖四二　上海玉佛寺玉佛像

圖四三　南印度坐佛（第九世紀）

圖四四　緬甸帕根(Pagān)式銅佛（第十一世紀或十二世紀早期）

圖四五　泰國庫瑪式(Khmer)佛像（第十一至十四世紀）

圖四六　台北慈雲寺地磚

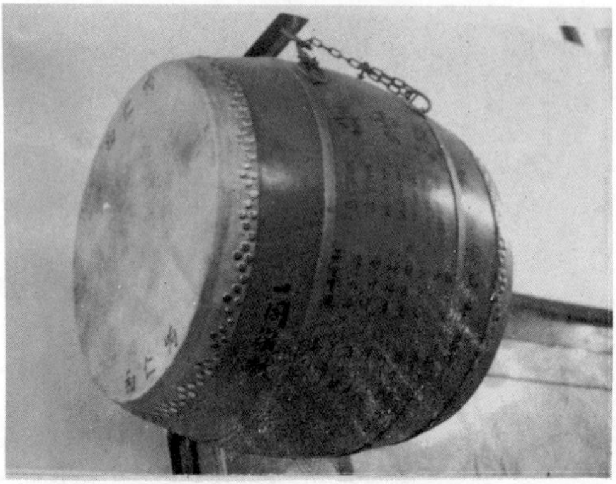

圖四七　台北慈雲寺寺鼓

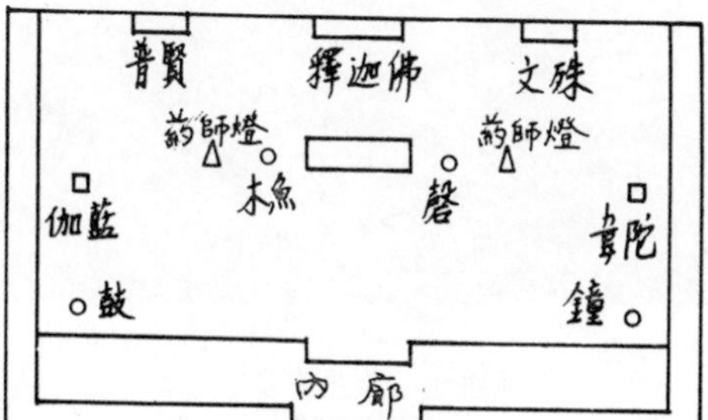

圖四八　台北慈雲寺配置圖

圖四九　台北慈雲寺銅鐘

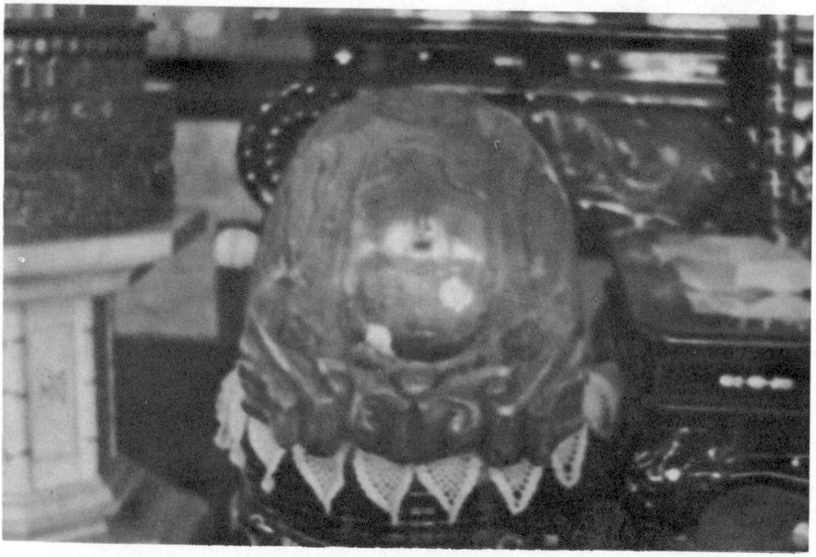

圖五〇　台北慈雲寺木魚

圖五一　台北慈雲寺寺磬

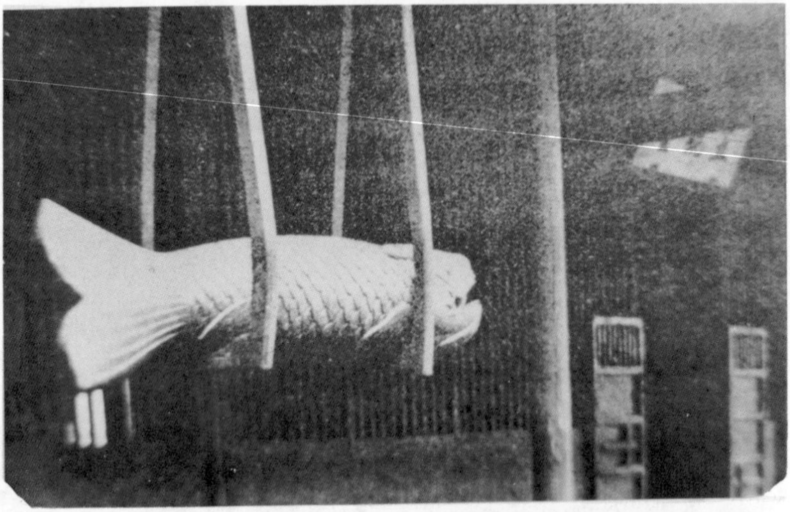

圖五二　梆（長木魚）

圖五三　台北慈雲寺光明燈

圖五四　台北慈雲寺佛像

圖五五　台北慈雲寺文殊像

圖五六　台北圓通寺正殿

圖五七　台北圓通寺山門石柱

圖五八　台北圓通寺正殿石柱

圖五九　台北圓通寺正殿石柱

圖六〇　秘魯利馬外交部正門

圖六一　山西太原童子寺石燈

圖六二　台北圓通寺正殿前香象爐

圖六三　台北圓通寺佛像

圖六四　台北圓通寺山門佛幼兒像

圖六五　達宗繪水墨畫

圖六六　台北永明寺正殿

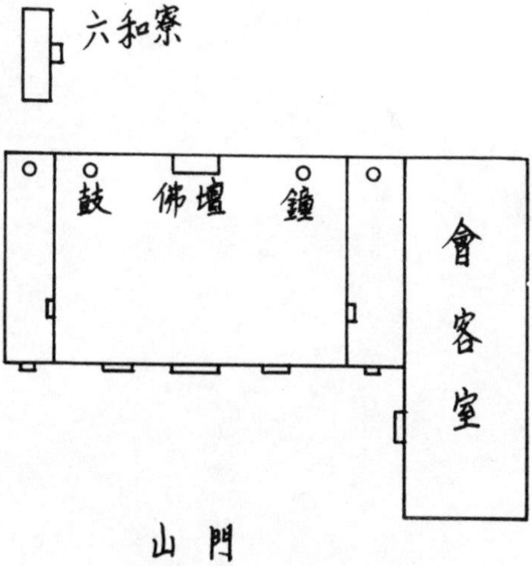

圖六七　台北永明寺配置圖

圖六八　台北永明寺六和寮

圖六九　台北永明寺山門

圖七〇　日本奈良唐招提寺金堂

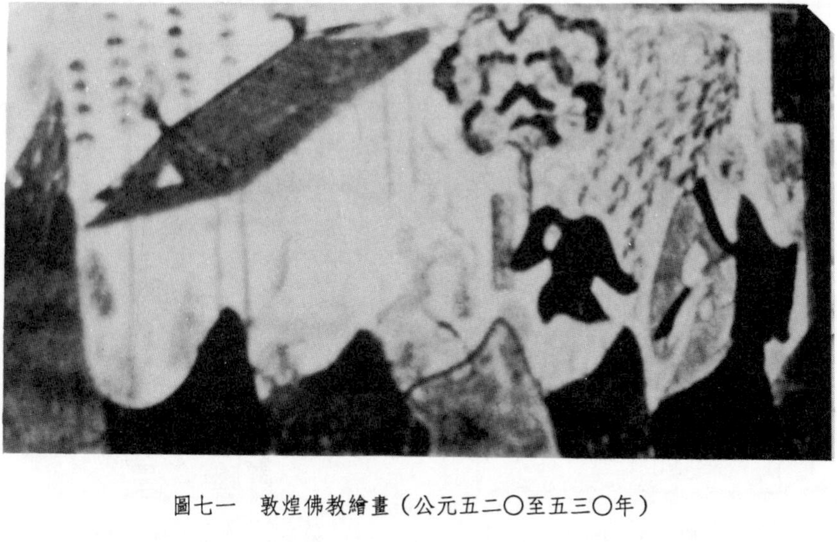

圖七一　敦煌佛教繪畫（公元五二〇至五三〇年）

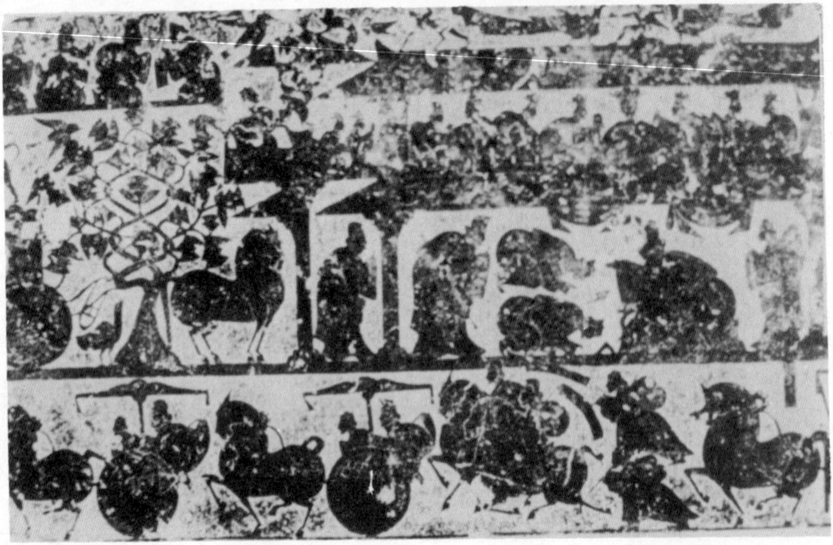

圖七二　後漢武梁祠拓本

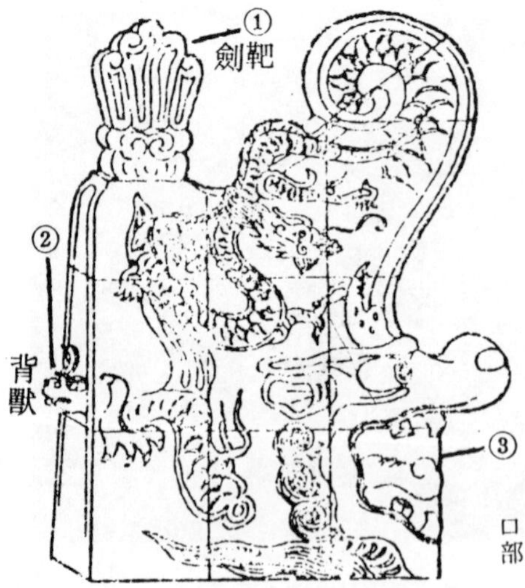

圖七五　鴟吻

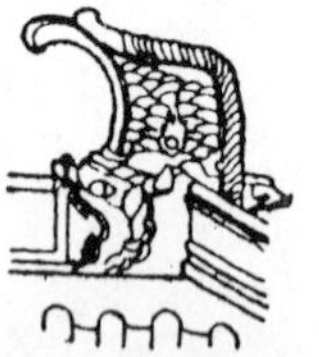

圖七三　河北薊縣獨
樂寺鴟吻

圖七四　北京永樂宮鴟吻

圖七六　台北永明寺花園

圖七七　曉雲繪「一探靜中消息」

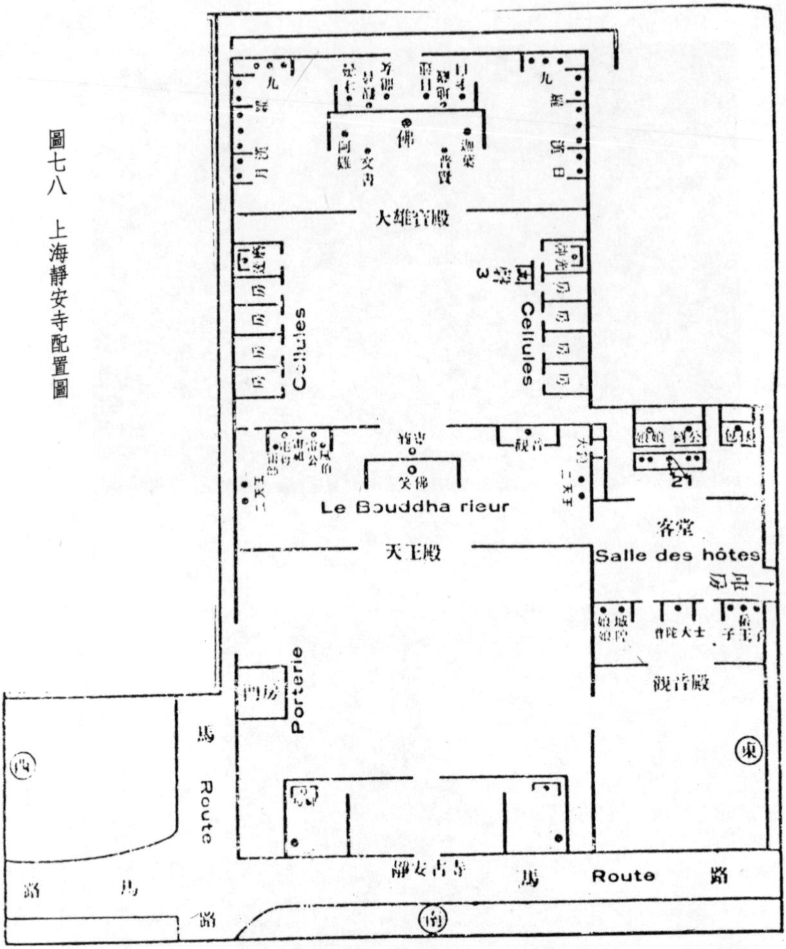

圖七八　上海靜安寺配置圖

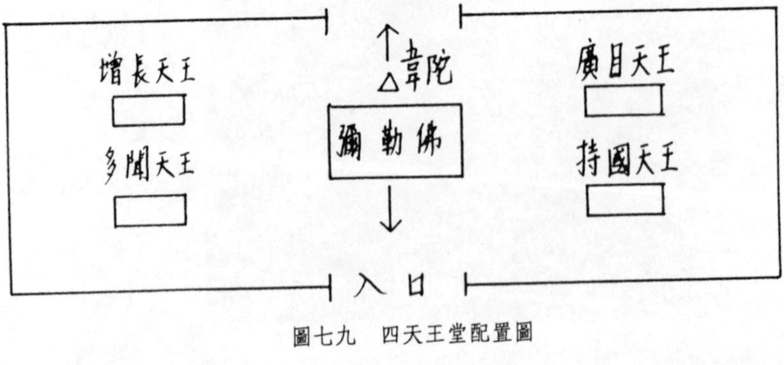

圖七九　四天王堂配置圖

圖八〇　獅頭山略圖

圖八一　新竹獅頭山海會庵

圖八三　海會庵廣目天王像

圖八二　海會庵持國天王像

圖八五　海會庵多聞天王

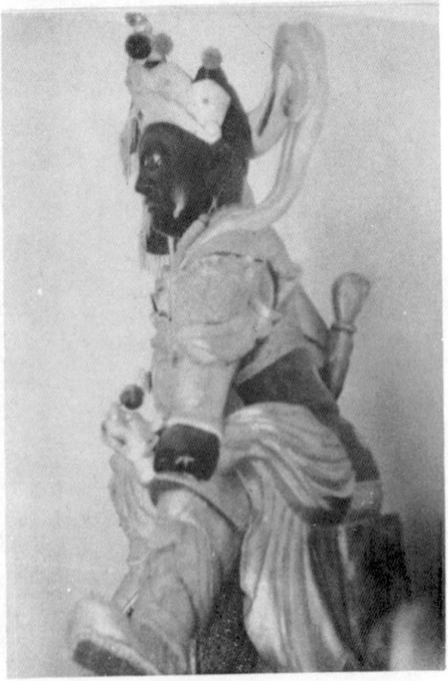

圖八四　海會庵增長天王像

圖八六　新竹獅頭山靈霞洞

圖八七　新竹獅頭山金剛寺

圖八八　新竹獅頭山靈霞洞內部

圖八九　「亡魂迎至極樂世界」，新竹獅頭山勸化堂

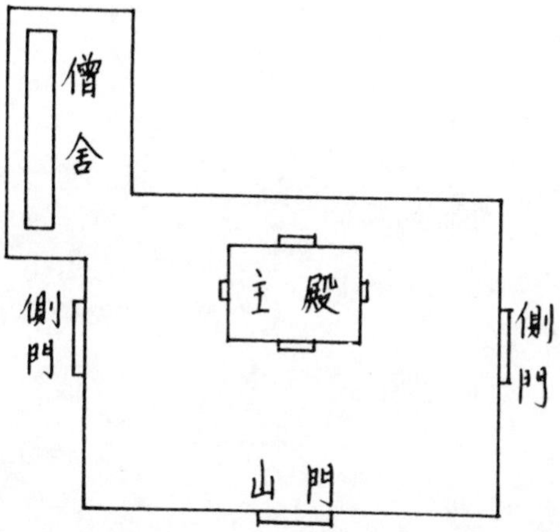

圖九〇　南投玄奘寺配置圖

圖九一　敦煌壁畫（第八世紀）

圖九二　南投玄奘寺正殿

圖九三　漢朝陶器

圖九四　敦煌壁畫（第十世紀）

圖九五　河北薊縣獨樂寺觀音閣

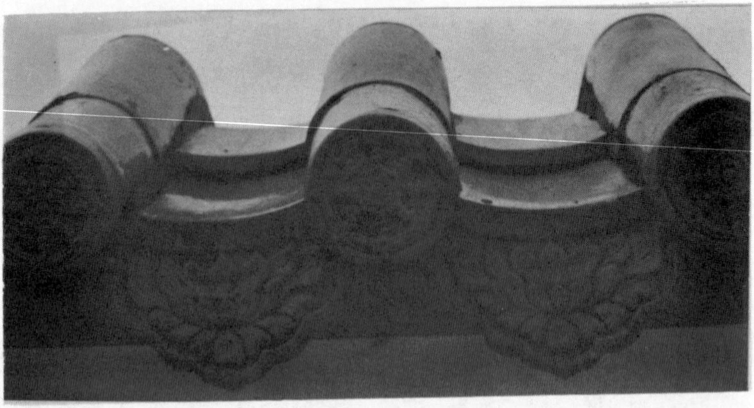

圖九六　南投玄奘寺寺牆

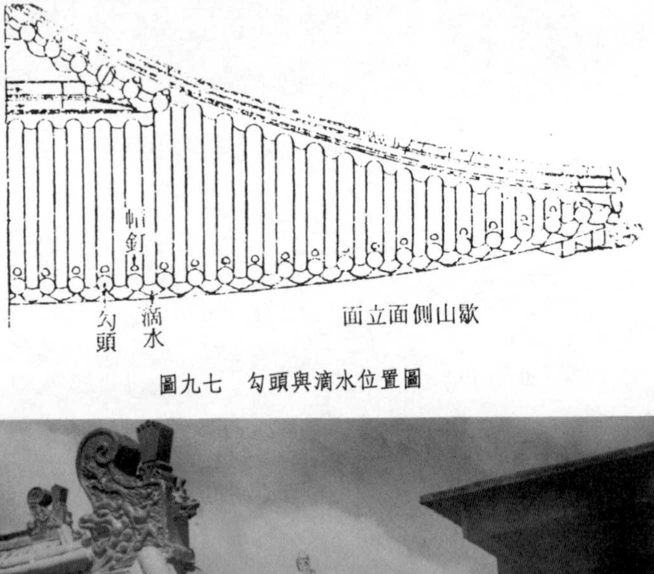

圖九七　勾頭與滴水位置圖

圖九八　高雄佛光山山門勾頭

圖九九　北魏瓦當

圖一〇〇　唐朝瓦當

圖一〇一　南投玄奘寺玄奘像

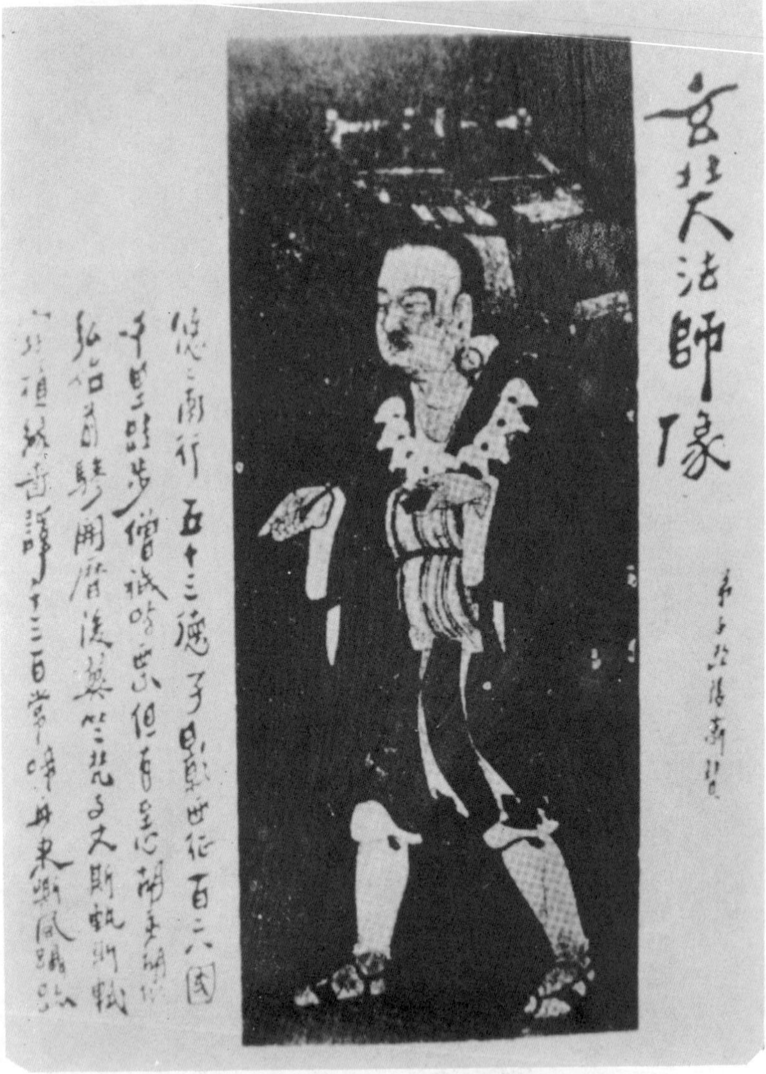

圖一〇二　玄奘

圖一〇三　玄奘（第十四世紀）

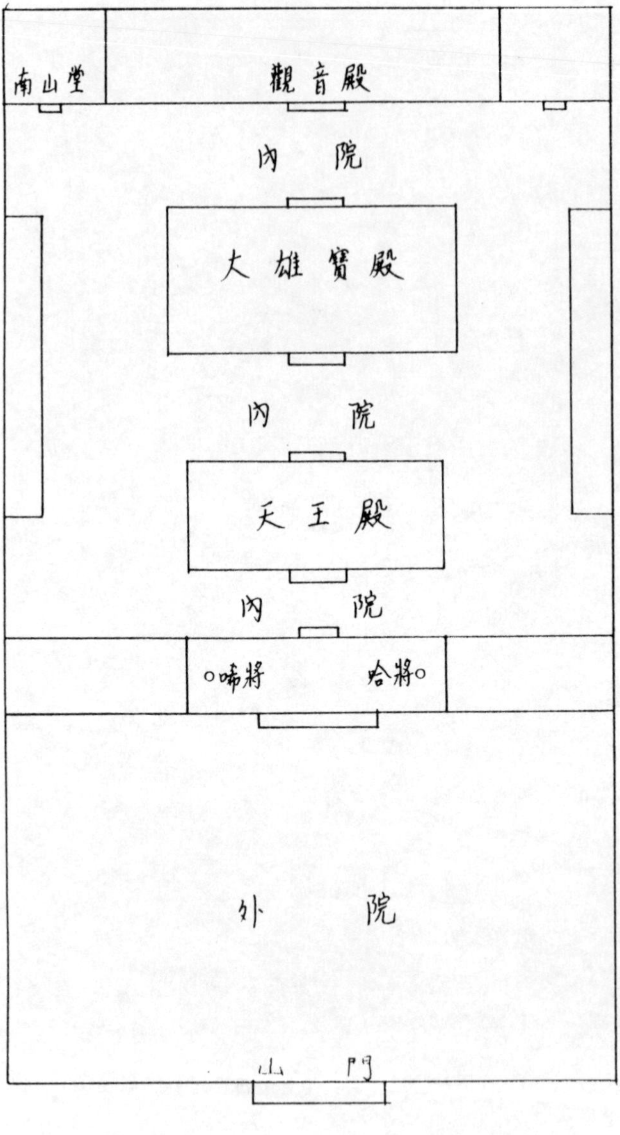

圖一〇四　台南開元寺配置圖

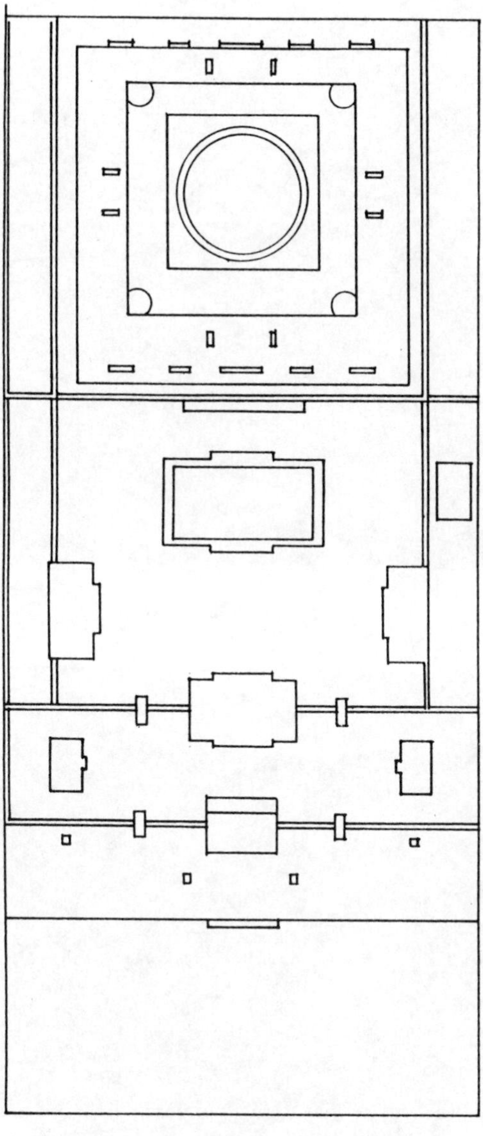

圖一〇五　熱河承德普樂寺配置圖

圖一〇六　台南開元寺山門

圖一〇七　台南法華寺側門

圖一〇八　台南開元寺觀音殿

圖一〇九　高雄佛光山觀音殿

圖一一〇 敦煌北魏壁畫

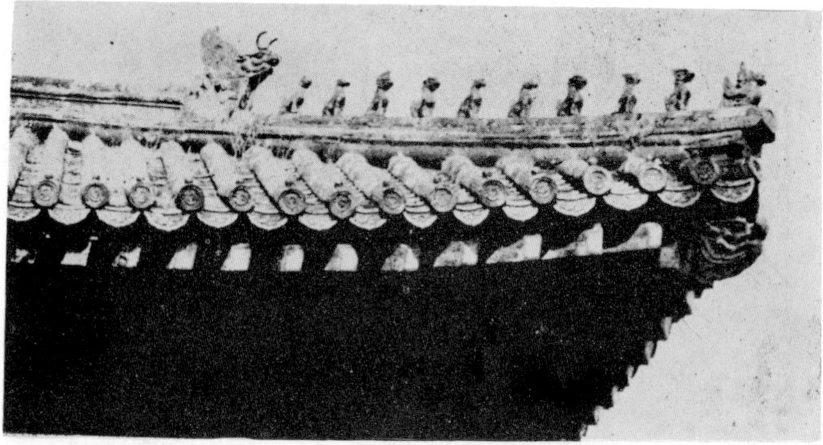

圖一一一　北京太廟屋頂

圖一一二　高雄佛光山山門

圖一一三　台北大佛寺屋頂

圖一一四　宋朝張擇端繪汴梁圖卷

圖一一五　高雄佛光山朝山會館

圖一一六　印度德里 Diwan-i Hass
（第十七世紀）

圖一一七　星雲訪沙即漢(Shah Jahan)王宮

圖一一八　彰化八卦山大佛

圖一一九　高雄佛光山大佛

圖一二〇　高雄宏法寺佛像

圖一二一　高雄佛光山佛像群

圖一二二　高雄佛光山天王像

圖一二三　日本奈良東大寺執金剛神像

圖一二四　高雄佛光山觀音像

圖一二五　宋朝牧溪畫觀音像

圖一二六　清朝福建省製觀音像

圖一二七　高雄佛光山雕工

台灣紀

台灣的佛教與佛寺

作者◆邢福泉
發行人◆王學哲
總編輯◆施嘉明
叢書策劃◆方鵬程
責任編輯◆吳曜臣、翁慧君
校對◆王國強

出版發行：臺灣商務印書館股份有限公司
台北市重慶南路一段三十七號
電話：(02)2371-3712
讀者服務專線：0800056196
郵撥：0000165-1
網路書店：www.cptw.com.tw
E-mail：cptw@cptw.com.tw
網址：www.cptw.com.tw

局版北市業字第 993 號
二版一刷：2006 年 4 月
定價：新台幣 330 元

ISBN 957-05-2043-4

台灣的佛教與佛寺 ／ 邢福泉著. -- 二版. --
臺北市 ： 臺灣商務， 2006[民 95]
面 ； 公分. --（台灣紀）
參考書目：面
ISBN 957-05-2043-4(平裝)

1. 寺院 - 臺灣

227.232　　95004057